Bundesverfassungsgericht zur Kernbrennstoffsteuer auf Japanisch

Karl-Friedrich Lenz

- Vorwort (29.1.2019):
- Diese Übersetzung habe ich anlässlich eines Vortrages über die Entscheidung am 3. März 1918 vorbereitet. Es handelt sich derzeit nur um eine Übersetzung ohne weitere Kommentare.

はしがき（2018年1月29日）：

ドイツ判例研究会で本件判例について 2018 年 3 月 3 日に発表する予定があるため、全文を翻訳した。現在は、翻訳のみであり、特に検討を加えていない。

L e i t s ä t z e

zum Beschluss des Zweiten Senats vom 13. April 2017

- 2 BvL 6/13 –

2017 年 4 月 13 日第 2 法廷決定の要旨

記録番号

1. Für die in Art. 105 und Art. 106 GG aufgeführten Steuern und Steuerarten verwendet das Grundgesetz Typusbegriffe.

1．憲法 105 条・106 条で列挙されている租税および税種について、憲法は類型概念を使用している。

2. Innerhalb der durch Art. 105 und Art. 106 GG vorgegebenen, weit zu interpretierenden Typusbegriffe steht es dem Gesetzgeber offen, neue Steuern zu „erfinden".

2．憲法 105 条・106 条で既定されている広く解釈されるべき類型概念の範囲内では、立法者は、新たな租税を「発明」する自由を有する。

3. Die Zuweisung von Gesetzgebungskompetenzen an Bund und Länder durch Art. 105 GG in Verbindung mit Art. 106 GG ist abschließend. Ein über den Katalog der Steuertypen des Art. 106 GG hinausgehendes allgemeines Steuererfindungsrecht lässt sich aus

dem Grundgesetz nicht herleiten.

3. 憲法 105 条・106 条が連邦及び州への立法管轄を認めていることは、完結されている。憲法 106 条の租税類型を超える一般的租税発明権は、憲法から導くことができない。

4. Die Besteuerung des unternehmerischen Verbrauchs eines reinen Produktionsmittels ist mit einem gesetzgeberischen Konzept, im Wege der Verbrauchsteuer auf die private Einkommensverwendung Zugriff zu nehmen, regelmäßig nicht zu vereinbaren.

4. 経営者が純粋な生産手段として使用する財物を課税することは、消費税[1]として個人の収入使用に負担をかける立法構成と原則として両立しない。

5. Die Kernbrennstoffsteuer ist keine Verbrauchsteuer im Sinne des Art. 106 Abs. 1 Nummer 2 GG.

5. 原発燃料税は、憲法 106 条 1 項 2 号における消費税に該当しない。

BUNDESVERFASSUNGSGERICHT

連邦憲法裁判所

- 2 BvL 6/13 –

記録番号

IM NAMEN DES VOLKES
国民の名において

**In dem Verfahren
zur verfassungsrechtlichen Prüfung,**

以下の点についての違憲審査訴訟において

---

[1] Verbrauchsteuer の直訳としてここで「消費税」を使用するが、日本の消費税はドイツの Umsatzsteuer（付加価値税）に該当するため、疑問が残る。誤解を招く直訳ではあるが、より適切な訳語を見当たらないため、やむを得ず使用している。

ob das Kernbrennstoffsteuergesetz vom 8. Dezember 2010 (BGBl I S. 1804) mit dem Grundgesetz unvereinbar und deshalb ungültig ist,

2010 年 12 月 8 日の原発燃料税（出典）が憲法と両立しないため無効であるか否か

- Aussetzungs- und Vorlagebeschluss des Finanzgerichts Hamburg vom 29. Januar 2013 - 4 K 270/11 –

Hamburg租税裁判所 2013 年 1 月 29 日決定（手続き停止および付託）（記録番号）

hat das Bundesverfassungsgericht - Zweiter Senat –

連邦憲法裁判所（第 2 法廷）

unter Mitwirkung der Richterinnen und Richter

以下の裁判官の構成で

> Präsident Voßkuhle,
>
> Huber,
>
> Hermanns,
>
> Müller,
>
> Kessal-Wulf,
>
> König,
>
> Maidowski,
>
> （裁判官の名前）

am 13. April 2017 beschlossen:

2017 年 4 月 13 日に、以下のように決定した。

Das Kernbrennstoffsteuergesetz vom 8. Dezember 2010 (Bundesgesetzblatt I Seite 1804), zuletzt geändert durch Artikel 240 der Zehnten Zuständigkeitsanpassungsverordnung vom 31. August 2015 (Bundesgesetzblatt I Seite 1474), ist mit Artikel 105 Absatz 2 in Verbindung mit Artikel 106 Absatz 1 Nummer 2

des Grundgesetzes unvereinbar und nichtig.

最終的に 2015 年 8 月 31 日の第 10 管轄改正法規命令の第 240 条（出典）で改正された 2010 年 12 月 8 日の原発租税法（出典）は、憲法 105 条・106 条と両立しないため、無効である。

Gründe:

理由

A.

1

Das konkrete Normenkontrollverfahren betrifft die Frage, ob das Kernbrennstoffsteuergesetz vom 8. Dezember 2010 (BGBl I S. 1804), zuletzt geändert durch Artikel 240 der Zehnten Zuständigkeitsanpassungsverordnung vom 31. August 2015 (BGBl I S. 1474), mit dem Grundgesetz, insbesondere mit den grundgesetzlichen Regelungen zur Gesetzgebungskompetenz, vereinbar ist.

本件具体的違憲審査訴訟は、最終的に 2015 年 8 月 31 日の第 10 管轄改正法規命令の第 240 条（出典）で改正された 2010 年 12 月 8 日の原発租税法（出典）が憲法、特に立法管轄に関する規定と両立しているか否かを対象としている。

I.

2

1. Das Kernbrennstoffsteuergesetz (KernbrStG) vom 8. Dezember 2010 wurde vom Bundestag am 28. Oktober 2010 verabschiedet. Der Bundesrat beschloss in seiner Sitzung am 26. November 2010, einen Antrag gemäß Art. 77 Abs. 2 GG nicht zu stellen (BRDrucks 687/10, S. 1).

1. 2010 年 12 月 8 日の原発燃料税は、2010 年 10 月 28 日に連邦議会を通過した。連邦参議院は 2010 年 11 月 26 日に、憲法 77 条 2 項の申請をしないことを議決した（出典）。

3

Zur Zielsetzung und Notwendigkeit des Gesetzes ist dem Gesetzentwurf der Fraktionen der CDU/CSU und der FDP Folgendes zu entnehmen (BTDrucks 17/3054, S. 5):

本件法律の目的および必要性について、キリスト教民主同盟・キリスト教社会同盟・自由民主党の議会内派の法案が、以下のように述べている（出典）。

Die Haushaltskonsolidierung des Bundes erfordert die Erschließung zusätzlicher Einnahmequellen. Dazu soll eine neue Steuer auf die Verwendung von Kernbrennstoffen erhoben werden. Das Aufkommen soll ohne Zweckbindung dem allgemeinen Haushalt zur Verfügung stehen.

連邦の財政安定化は、新たな収入源を開拓することを必要としている。そのため、原発燃料の使用を新たに課税する。その税収は、目的を固定しないで、一般予算の一部になる。

Der Bund hat gemäß Atomgesetz Anlagen zur Endlagerung radioaktiver Abfälle einzurichten. Nach dem Verursacherprinzip werden die Kosten der Errichtung, des Betriebs und der Stilllegung von Anlagen durch die Abfallverursacher der Privatwirtschaft und der öffentlichen Hand entsprechend ihres Anteils an der Abfallmenge refinanziert. Die Kosten für den Weiterbetrieb und die Stilllegung der Schachtanlage Asse II trägt nach § 57b Absatz 1 Satz 3 des Atomgesetzes ausschließlich der Bund. Die Erträge aus der Steuer sollen vor dem Hintergrund der notwendigen Haushaltskonsolidierung auch dazu beitragen, die hieraus entstehende Haushaltsbelastung des Bundes zu verringern.

連邦は、原子力法に基づいて、放射能廃棄物の最終保管のための施設を整備しなければならない。原因主義に基づいて、当該施設の設置、

運営および撤回の費用は、民間業者および国営業者に発生させる廃棄物の割合に基づいて転嫁される。Asse II施設の係属運営および撤回に関する費用は、原子力法57b条1項3文に基づいて、完全に連邦の負担となる。本件租税の収益は、必要な財政安定化を背景に、当該費用から生じる連邦の予算負担を軽減することも目的としている。

4

a) Das Kernbrennstoffsteuergesetz trat am 1. Januar 2011 in Kraft (§ 13 KernbrStG). Danach unterlag Kernbrennstoff, der zur gewerblichen Erzeugung von elektrischem Strom verwendet wurde, der Besteuerung (§ 1 Abs. 1 Satz 1 KernbrStG). Bei der Steuer handelte es sich nach Auffassung des Gesetzgebers um eine „Verbrauchsteuer im Sinn der Abgabenordnung" (§ 1 Abs. 1 Satz 2 KernbrStG). Steuerschuldner waren die Betreiber von Kernkraftwerken (vgl. § 5 Abs. 2 i.V.m. § 2 Nr. 6 KernbrStG).

a)原発燃料税法は、2011年1月1日で発効した(原発燃料税13条)。その法律により、営利目的の発電に使用された原発燃料は、課税される(原発燃料税法1条1項1文)。立法者の考えでは、本件租税は、「租税手続法における消費税」であった(原発燃料税法1条1項2文)。租税債務者は、原発の運営者であった(原発燃料税5条2項、2条6号参照)。

5

b) Die Kernbrennstoffsteuer war als Anmeldesteuer konzipiert. Die Steuerschuldner hatten für Kernbrennstoff, für den die Steuer entstanden war, bis zum 15. Tag des folgenden Monats eine Steuererklärung abzugeben und darin die Steuer selbst zu berechnen (§ 6 Abs. 1 KernbrStG). Die Steuer entstand dadurch, dass ein Brennelement oder einzelne Brennstäbe in einen Kernreaktor erstmals eingesetzt wurden und eine sich selbsttragende Kettenreaktion ausgelöst wurde (§ 5 Abs. 1 KernbrStG). Das Gesetz war auf Besteuerungsvorgänge anzuwenden, bei denen die sich selbsttragende Kettenreaktion vor dem 1. Januar 2017 ausgelöst wurde (§ 12 KernbrStG). Die Steuer betrug für ein Gramm Kernbrennstoff einheitlich 145 Euro (§ 3 KernbrStG).

b)原発燃料税は、申告税として設計されていた。租税債務者は、租税債務

が発生した原発燃料について、次の月の 15 日まで租税申告を行い、当該申告で租税額を自ら計算しなければならなかった（原発燃料税 6 条1項）。租税債務が、燃料パックまたは個々の燃料棒が最初に原発で使用され、それにより継続的な連鎖反応が発生したことによって、成立した（原発燃料税法 5 条 1 項）。本件法律は、継続的連鎖反応が 2017 年 1 月 1 日以前に発生した租税過程に適用されていた（原発燃料税法 12 条）。税額は、1 グラムの原発燃料当たり、統一的に 145 ユーロであった（原発燃料税法 3 条）。

6

c) Zu Beginn des Jahres 2011 gab es bundesweit 17 Kernkraftwerke, die von vier Energieversorgungsunternehmen und ihren Betreibergesellschaften betrieben wurden (BTDrucks 17/3054, S. 2, 6). Nach Inkrafttreten des Dreizehnten Gesetzes zur Änderung des Atomgesetzes vom 31. Juli 2011 (BGBl I S. 1704) waren im Steuergebiet insgesamt noch neun Kernkraftwerke in Betrieb. Seit Ende Juni 2015 befindet sich das im Ausgangsverfahren streitgegenständliche Kernkraftwerk G. dauerhaft im Nichtleistungsbetrieb; somit sind aktuell bundesweit acht Kernkraftwerke am Netz, die von drei Energieversorgungsunternehmen und ihren Betreibergesellschaften betrieben werden.

c)2011 年初めには、連邦全体で17の原発がいた。4 社の電力会社及びその子会社により運営されていた（出典）。2011 年 7 月 31 日の第 13 回原発法改正法（出典）が発効した後は、課税領域内で９の原発が運営を続けた。2015 年 6 月末以降、元の訴訟で対象となったG原発が継続的に発電しない。そのため、現在は連邦全体で8の原発が系統に電力を供給している。3 社の電力会社及びその子会社により運営されている。

7

d) Die Steuereinnahmen aus der Kernbrennstoffsteuer betrugen für den Bundeshaushalt im Jahre 2011 922 Millionen Euro, im Jahre 2012 1.577 Millionen Euro, im Jahre 2013 1.285 Millionen Euro, im Jahre 2014 708 Millionen Euro, im Jahre 2015 1.371 Millionen Euro und im Jahre 2016 422 Millionen Euro, in der Summe mithin 6,285 Milliarden Euro (vgl. Statistisches Bundesamt [Destatis], Umweltschutzmaßnahmen - Gesamtaufkommen aus umweltbezogenen Steuern, abrufbar unter: https://www.destatis.de und Bundesministerium der Finanzen,

Monatsbericht Januar 2017, abrufbar unter
http://www.bundesfinanzministerium.de).

　d)原発燃料税からの税収は、2011 年の連邦予算で 9 億 2200 万ユーロで
あった。2012 年では 15 億 7700 万ユーロ、2013 年では 12 億 8500 万ユー
ロ、2014 年では 7 億 800 万ユーロ、2015 年では 13 億 7100 万ユーロ、
2016 年では 4 億 2200 万ユーロであった。総計では 62 億 8500 万ユーロの
税収であった（出典）。

8

　2. Das Kernbrennstoffsteuergesetz lautete in seinen wesentlichen
Bestimmungen:

　2. 原発燃料税法は、主に以下のような文言である。

§ 1 Steuergegenstand, Steuergebiet

1 条　課税対象・課税領域

(1) [1]Kernbrennstoff, der zur gewerblichen
Erzeugung von elektrischem Strom
verwendet wird, unterliegt im Steuergebiet
der Kernbrennstoffsteuer. [2]Die
Kernbrennstoffsteuer ist eine
Verbrauchsteuer im Sinn der
Abgabenordnung.

　営利目的発電に使用されている原発燃料は、
課税領域で原発燃料税の対象となる。原発燃料
税は、租税手続法における消費税である。

(2) Steuergebiet ist das Gebiet der
Bundesrepublik Deutschland ohne das
Gebiet von Büsingen und ohne die Insel
Helgoland.

　2　課税領域は、ドイツ連邦共和国の領域であ
る（Büsingen および Helgoland 島を除く）。

§ 2 Begriffsbestimmungen

2 条　定義

Im Sinn dieses Gesetzes ist:

この法律では、以下の概念を以下のように理解する。

1. Kernbrennstoff:

1. 原発燃料

a) Plutonium 239 und Plutonium 241,

a）プロトニウム239およびプロトニウム241

b) Uran 233 und Uran 235,

b）ウラン233およびウラン235

auch in Verbindungen, Legierungen, keramischen Erzeugnissen und Mischungen;

化合物・合金・セラミック製造物及び混合物を含む。

2. Brennelement: aus einer Vielzahl von Brennstäben montierte Anordnung, in der der Kernbrennstoff im Kernreaktor eingesetzt wird;

2. 燃料パック　多数の燃料棒からなる構成で、原発燃料が原発で使用されるもの。

3. Brennstab: geometrische Form, in welcher der Kernbrennstoff, ummantelt mit Hüllmaterial, im Kernreaktor eingesetzt wird;

3. 燃料棒　原発燃料が包装料に含有され、原発で使用されている原発燃料の形。

4. Kettenreaktion: Prozess, bei dem Neutronen durch Spaltung von Kernbrennstoffen weitere Neutronen freisetzen, die wieder zur Spaltung von weiterem Kernbrennstoff führen;

4. 連鎖反応　中性子が原発燃料を分解することにより更なる中性子を解放し、これらも更に原発燃料を分解する過程。

5. Kernreaktor: geometrische Anordnung von Brennelementen beziehungsweise Brennstäben sowie anderen technischen Komponenten in einer Art, dass dort eine sich selbsttragende, kontrollierte Kettenreaktion stattfinden kann;

5. 原発　燃料パックまたは燃料棒を持続可能でコントロールされている連鎖反応が可能である施設。

6. Betreiber: derjenige, der Inhaber einer Genehmigung zum Betrieb einer Anlage zur Spaltung von Kernbrennstoff zur gewerblichen Erzeugung von Elektrizität ist.

6. 運営者　営利目的発電のための原発燃料分解の施設を運営する許可を所持する者。

§ 3 Steuertarif

3条　税額

Die Steuer für ein Gramm Plutonium 239, Plutonium 241, Uran 233 oder Uran 235 beträgt 145 Euro.

プロトニウム239、プロトニウム241、ウラン233またはウラン235の税額は、1グラム当たり145ユーロとする。

§ 4 Pflichten des Betreibers

4条　運営者の義務

(1) [1]Wer eine Anlage zur Spaltung von Kernbrennstoffen zur gewerblichen Erzeugung von Elektrizität betreibt, hat dies dem zuständigen Hauptzollamt unverzüglich anzumelden. [2]Das Hauptzollamt erteilt dem Betreiber einen schriftlichen Nachweis über die Anmeldung.

営利目的発電のための原発燃料分解の施設を運営する者は、この事実を、管轄を有する税

務署に遅滞なく報告しなければならない。税務
署は、運営者に報告について書面で証明書を与
える。

(2) ... (5) ...

§ 5 Entstehung der Steuer,
Steuerschuldner

5 条　租税債務の発生、租税債務者

(1) [1] Die Steuer entsteht dadurch, dass ein
Brennelement oder einzelne Brennstäbe in
einen Kernreaktor erstmals eingesetzt
werden und eine sich selbsttragende
Kettenreaktion ausgelöst wird. [2] Der
Austausch nachweislich defekter Brennstäbe
führt nicht zur Steuerentstehung.

燃料パックまたは個々の燃料棒を原発で最初
に使用し、持続的な連鎖反応は発生すること
により、租税債務が発生する。故障について立証
がある燃料棒の取り換えの場合、租税債務は
発生しない。

(2) Steuerschuldner ist der Betreiber.

2　租税債務者は運営者とする。

§ 6 Steueranmeldung, Fälligkeit der Steuer

6 条　租税申告、租税の弁済期

(1) [1] Der Steuerschuldner hat für
Kernbrennstoff, für den die Steuer nach § 5
Absatz 1 entstanden ist, bis zum 15. Tag des
folgenden Monats eine Steuererklärung
abzugeben und darin die Steuer selbst zu
berechnen (Steueranmeldung). [2] Die Steuer,
die in einem Monat entstanden ist, ist am 25.
Tag des folgenden Monats fällig. 租税債務者
は、5 条 1 項により租税債務が発生した原発燃
料について、次の月の 15 日まで租税申告をし

なければならない。その申告の中で、自ら税額
を計算しなければならない（租税申告）。あれ月
に発生した租税債務の弁済期は、次の月の 25
日とする。

(2) [1]Für die Steuer, die in der Zeit vom 1.
bis 18. Dezember entstanden ist, hat der
Steuerschuldner bis zum 22. Dezember eine
Steueranmeldung abzugeben. [2]Die Steuer
wird am 22. Dezember fällig. [3]Für die Steuer,
die in der Zeit vom 19. bis 31. Dezember
entstanden ist, gilt Absatz 1 sinngemäß.

2　12 月 1 日から 18 日の間に発生した租税
債務について、租税債務者は 12 月 22 日まで
租税申告おしなければならない。当該租税債務
の弁済期は、12 月 22 日とする。12 月 19 日か
ら 31 日まで発生した租税について、1 項を準用
する。

(3) Für die nach § 5 entstehende Steuer
kann das Hauptzollamt im Voraus Sicherheit
verlangen, wenn Anzeichen für eine
Gefährdung der Steuer erkennbar sind.

3　5 条によって発生する租税債務について、
弁済能力に疑問がある理由がある場合、税務
者が予め担保の提供を請求できる。

§ 9 Zuständiges Hauptzollamt

9 条　管轄を有する税務署

[1]Unbeschadet der Bestimmungen des § 27
der Abgabenordnung ist für den
Anwendungsbereich dieses Gesetzes das
Hauptzollamt örtlich zuständig, von dessen
Bezirk aus die in den einzelnen Vorschriften
jeweils bezeichnete Person ihr Unternehmen
betreibt. [2]Für Unternehmen, die von einem
Ort außerhalb des Steuergebiets betrieben
werden, ist das Hauptzollamt örtlich
zuständig, in dessen Bezirk sie erstmals

steuerlich in Erscheinung treten.

租税手続法 27 条を別にして、本件法律の適用について、個々の条文で指定されている者がその企業を経営している地域が場所的管轄の基準となる。租税領域外の場所で経営されている企業については、担当領域で最初に租税債務が発生した税務署が場所的管轄を有する。

§ 12 Anwendungsvorschrift

12 条　適用範囲

Das Gesetz ist auf Besteuerungsvorgänge anzuwenden, bei denen die sich selbsttragende Kettenreaktion vor dem 1. Januar 2017 ausgelöst wurde.

この法律は、持続的連鎖反応が 2017 年 1 月 1 日以前に発生した課税過程に適用される。

§ 13 Inkrafttreten

13 条　発効

Dieses Gesetz tritt am 1. Januar 2011 in Kraft.

この法律は、2011 年 1 月 1 日に発効する。

II.

9

1. Die Klägerin des Ausgangsverfahrens, die P. GmbH (vormals E. GmbH, im Folgenden: Klägerin), setzte Brennelemente in den Reaktor des von ihr betriebenen Kernkraftwerks G. ein und löste am 16. Juni 2011 in diesem eine sich selbsttragende Kettenreaktion aus. Die Brennstäbe enthielten insgesamt 664.466 Gramm Uran 235. Die Klägerin reichte gemäß § 6 Abs. 1 KernbrStG bei dem Beklagten des Ausgangsverfahrens, dem Hauptzollamt Hannover (im Folgenden: Beklagter), unter dem 8. Juli 2011 eine Steueranmeldung ein, in der sie anhand der Gesamtmenge des verwendeten Kernbrennstoffes einen Steuerbetrag in Höhe von 96.347.570 Euro errechnete, den sie an das Hauptzollamt abführte.

1. 元の訴訟の原告P社（以前はE社、以下「原告」という）は、運営している原発Gで原発燃料を使用し、2011年6月16日に継続的な連鎖反応を発生させた。これらの燃料棒は、66万4666グラムのウラン235から構成された。原告は、原発燃料法6条1項に基づいて、元の訴訟の被告であるHannover税務署（以下「被告」という）に対し、租税申告を提出した。その申告では、使用された原発燃料の総量に基づいて、9634万7570ユーロの税額を算定した。この金額を、税務署に払った。

10

Am 12. Juli 2011 erhob die Klägerin beim Finanzgericht Hamburg (4 K 124/11) Sprungklage gegen die Steueranmeldung vom 8. Juli 2011. Aufgrund der fehlenden Zustimmung des Beklagten wurde die Klage gemäß § 45 Abs. 1 Satz 1 Finanzgerichtsordnung (FGO) als Einspruch behandelt, den der Beklagte mit Einspruchsentscheidung vom 16. November 2011 als unbegründet zurückwies.

2011年7月12日、原告はHamburg租税裁判所に2011年7月8日の租税申告に対し、即時提訴した。被告はその即時提訴に同意しなかった。そのため、当該訴えは、租税訴訟法45条1項1文に基づいて審査請求として処理された。被告は、2011年11月16日の審査請求決定により、当該審査請求に理由がない、と処理した。

11

Nachdem der 4. Senat des Finanzgerichts Hamburg (im Folgenden: Finanzgericht) auf den Antrag der Klägerin auf vorläufigen Rechtsschutz die Vollziehung der streitgegenständlichen Steueranmeldung ohne Sicherheitsleistung wegen ernsthafter Zweifel an der formellen Verfassungsmäßigkeit des Kernbrennstoffsteuergesetzes aufgehoben hatte (Beschluss vom 16. September 2011 - 4 V 133/11 -, juris, Rn. 9), lehnte der Bundesfinanzhof im Beschwerdeverfahren den Antrag auf vorläufigen Rechtsschutz unter Hinweis darauf ab, dass im Streitfall die Gewährung vorläufigen Rechtsschutzes in der praktischen Auswirkung einem einstweiligen Außerkraftsetzen des Kernbrennstoffsteuergesetzes gleichkäme (BFHE 236, 206).

Hamburg租税裁判所の第4法廷（以下「租税裁判所」という）が2011年9月16日の決定により、原告の仮処分申請を受けて、原発燃料税法の立法手続きに関する基準での合憲性に重大な疑問を理由に、本件租税申告の執行

を停止した（出典）。連邦租税裁判所は、抗告を受けて、仮処分の申請を棄却した。本件で仮処分を認める場合、原子燃料税法をの執行を一時停止と同様であることを理由とした（出典）。

12

Die Klägerin erhob am 30. November 2011 Klage (4 K 270/11) mit dem Antrag, die Steueranmeldung vom 8. Juli 2011 sowie die Einspruchsentscheidung vom 16. November 2011 aufzuheben. Nach mündlicher Verhandlung am 29. Januar 2013 hat das Finanzgericht mit Beschluss desselben Tages das Verfahren ausgesetzt und dem Bundesverfassungsgericht die Frage vorgelegt, ob das Kernbrennstoffsteuergesetz vom 8. Dezember 2010 mit dem Grundgesetz unvereinbar und deshalb ungültig ist.

原告は 2011 年 11 月 30 日に訴えを提起した（記録番号）。2011 年 7 月 8 日の租税申告および 2011 年 11 月 16 日の申請請求決定を破棄することを申請した。租税裁判所は 2013 年 1 月 29 日に公判を開いた。その後、本件訴訟を一時停止した上、連邦憲法裁判所に、2010 年 12 月 8 日の原発燃料税法が憲法と両立しないために無効であるか否かの質問を付託した。

13

Im Ausgangsverfahren wiederholte die Klägerin ihren Antrag auf Aufhebung der Vollziehung der Kernbrennstoffsteueranmeldung, welcher vor dem Finanzgericht - unter Zulassung der Beschwerde zum Bundesfinanzhof - zunächst Erfolg hatte (Beschluss vom 11. April 2014 - 4 V 154/13 -, juris, Rn. 50, 128). Auf die Beschwerde des Beklagten hob der Bundesfinanzhof diese Entscheidung auf und versagte (erneut) die Gewährung vorläufigen Rechtsschutzes (BFHE 247, 182).

元の訴訟では、原告は原発燃料租税申告の執行の一時停止の申請を再度に行った。租税裁判所は、連邦租税裁判所への抗告を認めながら、その申請を認めた（出典）。被告の抗告により、連邦租税裁判所は、この判断を破棄して、再度に仮処分を否定した（出典）。

14

2. Das Finanzgericht hat seinen Vorlagebeschluss wie folgt begründet:

2. 租税裁判所は、付託決定に以下のように理由を付けた。

15

17

Die Kernbrennstoffsteuer sei als Steuer im Sinne des Grundgesetzes zu betrachten, für die dem Bund die Gesetzgebungskompetenz fehle.

原発燃料税は、憲法上の租税であるが、連邦には立法の管轄が欠けている。

16

a) Weil eine Zustimmung des Bundesrates zum Kernbrennstoffsteuergesetz nicht vorliege, könne die Prüfung der Gesetzgebungskompetenz des Bundes nach Art. 105 Abs. 2, 1. Alt. in Verbindung mit Art. 106 GG auf die Steuern und Steuerarten beschränkt werden, für die das Grundgesetz dem Bund die alleinige Ertragskompetenz zuweise. Andernfalls wäre das Kernbrennstoffsteuergesetz schon wegen des Fehlens der Bundesratszustimmung verfassungswidrig.

a)連邦参議院の承認が整備されていない。そのため、連邦の立法管轄の検討は、憲法 105 条 2 項第 1 場合、106 条に基づいて、憲法が連邦に排他的な収益管轄を認める租税及び税種に限定しても構わない。でなければ、原発燃料税法は、既に連邦参議院の承認を欠けているため違憲となる。

17

Die Kernbrennstoffsteuer sei keine herkömmliche Verbrauchsteuer im Sinne der finanzverfassungsrechtlichen Kompetenzregeln und entspreche auch nicht dem Typus einer Verbrauchsteuer. Ein typusprägendes Merkmal von Verbrauchsteuern sei - auch nach der Entscheidung des Bundesverfassungsgerichts zur Hamburgischen Spielgerätesteuer -, dass sie die Einkommensverwendung, also private Konsumenten, besteuerten. Im Falle der indirekten Besteuerung durch Erhebung der Steuer beim Lieferanten oder Hersteller sei daher Voraussetzung, dass diese auf Abwälzung auf den privaten Konsumenten angelegt sei.

（租税裁判所の理由の続き）：原発燃料税は、財政憲法上の管轄規定における従来の消費税に該当しない。消費税の類型にも該当しない。消費税の類型を決定する要素の一つは、収入使用に負担をかけることにある。すなわち、個人の消費者に負担をかけるものである。この点は、連邦憲法裁判所の Hamburg 州賭博機器税に関する判例を配慮しても、そうである。そのため、販売業者または製造業者のところで課税する場合、当該租税が個人消費者に転嫁されるように設計されることが前提となる。

b) Die Kernbrennstoffsteuer weiche in vielerlei Hinsicht von den Merkmalen herkömmlicher Verbrauchsteuern ab; insbesondere ziele sie nicht auf die Belastung privater Konsumenten. Deren Belastung könne nur über den unter Einsatz der besteuerten Kernbrennstoffe erzeugten elektrischen Strom (Atomstrom) erfolgen. Tatsächlich trete eine Belastung jedoch nicht ein und sei auch durch das Gesetz nicht intendiert. Der Umstand, dass in Deutschland der gesamte erzeugte Strom - unabhängig von etwaigen Subventionen für seine Erzeugung - zu im Wesentlichen gleichen Bedingungen vermarktet, die Kernbrennstoffsteuer aber allein bei der Erzeugung von Atomstrom erhoben werde, schließe per se aus, dass es zu einer verbrauchsteuerlichen Belastung von privaten Konsumenten komme. Der Blick auf den Strommarkt bestätige diese Einschätzung. Die Gesetzesbegründung und die Entstehungsgeschichte des Kernbrennstoffsteuergesetzes belegten ebenfalls, dass die Kernbrennstoffsteuer von vornherein nicht auf die Belastung privater Konsumenten, sondern auf die Abschöpfung von Gewinnen der Kernkraftwerkbetreiber ziele. Zwar habe der Gesetzgeber grundsätzlich einen weiten Gestaltungsspielraum, zumal ihm der eher vage Verbrauchsteuerbegriff des Grundgesetzes, der auch die Erhebung von Steuern auf in der Produktion eingesetzte Güter umfassen könne, keine starren Grenzen setze, was in der Rechtsprechung etwa durch die Verwendung des Begriffs der kalkulatorischen Abwälzung zum Ausdruck komme. Im Normalfall möchten die weit gefasste kalkulatorische Abwälzbarkeit und der Umstand, dass das Unternehmen, bei dem eine Warensteuer erhoben werde, mit Gewinn arbeite, Indizien dafür sein, dass die Steuerlast letztlich den Konsumenten erreiche. Hiervon könne bei der Kernbrennstoffsteuer indes nicht ausgegangen werden. In der Kernbrennstoffsteuer sei eine Steuer zu sehen, die darauf angelegt sei, den jeweiligen Kraftwerkbetreiber endgültig mit dem größten Teil der erhobenen Kernbrennstoffsteuer zu belasten. Diese Belastung erfolge mittels eines besteuerten Guts, des Kernbrennstoffs, das nicht im Rahmen einer Einkommensverwendung und schon gar nicht privat verbraucht, sondern zum Zwecke der Einkommenserzielung durch das Produzieren von Strom genutzt werde. Die Steuer belaste den Kernkraftwerkbetreiber mithin planmäßig direkt als Produktionsunternehmen und stelle sich wirtschaftlich als eine Produktionssteuer dar, die gerade nicht darauf abziele, einen

Konsumenten indirekt über das erzeugte Produkt zu belasten.

b）（租税裁判所の理由の続き）：原発燃料税は、従来の消費税の要素から多くの側面で離れていうる。とりわけ、個人消費者に負担をかけることを目的としていない。個人消費者に負担をかけることは、課税された原発燃料で発電された電力（原発電力）を通してしか成立しない。しかし、実際には、そのような転嫁がない。または本件法律はそれを目的としない。ドイツで発電されたすべての電力は、発電に関する場合によって整備される補助金を別にして、概ねに同様の条件で販売されることが、原発燃料税は原発電力の発電のみで発生する。この事情だけで、既に消費税的な個人消費者への転嫁が排除されている。電力市場をみると、この判断が確認される。原発燃料税法の法案理由および制定史も、原発燃料税が個人消費者に負担をかけることではなく、原発運営者の利益を減らすことを目的としている点を確認している。立法者には確かに幅広い形成の裁量範囲が認められる。憲法の明瞭でない消費税概念は、明確な限定を付けないため、生産に使用された財を課税することも可能としている。判例では、この点が「計算上転嫁」概念を利用することで反映されている。通常の場合、幅広い計算上転嫁可能性および産品税の負担を負う企業が利益を目的としている事情から考えて、租税負担が最終的に消費者に届く考えが合理的である。しかし、原発燃料税の場合、その限りでない。原発燃料税の目的は、個別原発運営者に最終的に原発燃料税の大半の負担を負わせることにある。当該負担は、課税される産品（原発燃料）を経由しているが、当該産品は収入使用または個人として使用されることがない。発電による収入を確保目的で使用されている産品である。本件租税は原発運営者に計画的に直接生産業者として負担をかけるものである。経済的にみて生産税である。個人消費者に間接的に生産された産品経由で負担をかけることを目的としない。

19

c) Der Bund habe auch keine sonstige Gesetzgebungskompetenz. Über die im Bereich der in Art. 105 Abs. 2 und Art. 106 GG genannten Steuern - zu denen die Kernbrennstoffsteuer nicht gehöre - hinaus könne eine konkurrierende Gesetzgebungskompetenz des Bundes, die sich an den allgemeinen Vorgaben des Art. 72 Abs. 2 GG zu orientieren habe, da Art. 105 Abs. 2 GG ohne Einschränkungen auf die Voraussetzungen des Art. 72 Abs. 2 GG verweise, nur angenommen werden, soweit man über den Begriff der übrigen Steuern ein allgemeines unbegrenztes Steuererfindungsrecht des Bundes begründen könne. Indes sei ein solches Steuererfindungsrecht nicht gegeben; anderenfalls bedürfe eine neu erfundene Steuer zumindest der Zustimmung des Bundesrates, an der es beim Kernbrennstoffsteuergesetz fehle.

c)（租税裁判所の理由の続き）：連邦には、その他の立法管轄も備えていない。憲法 105 条・106 条が列挙している租税（原発燃料税はそれに属しない）以外は、以下の場合にのみ、連邦の補完的立法管轄を認めることができる。当該補完的立法管轄は、憲法 72 条の一般的要件を満たす必要がある。憲法 105 条は制限なく憲法 72 条を引用しているためである。条件として、「その他の租税」概念経由に、連邦の租税発明権を認めることが前提となる。しかし、そのような租税発明権が成立しない。成立すると考えた場合、新たに発明された租税は、連邦参議院の承認を必要とする。原発燃料税法の場合、当該承認は欠けている。

20

d) Die Frage der Gültigkeit des Kernbrennstoffsteuergesetzes sei für die Entscheidung über die anhängige Klage erheblich. Die angefochtene Steueranmeldung entspreche den Regelungen im Kernbrennstoffsteuergesetz. Im Falle der Gültigkeit des Gesetzes sei die Klage nach nationalem Recht ohne Weiteres abzuweisen. Verstoße das Kernbrennstoffsteuergesetz hingegen gegen das Grundgesetz und werde es deswegen, weil auch die Möglichkeit einer verfassungskonformen Auslegung erkennbar nicht bestehe, für ungültig erklärt, sei der Klage stattzugeben.

d)（租税裁判所の理由の続き）：原発燃料税法の効力問題の判断は、本件訴訟を判断するために必要である。取消訴訟の対象である租税申告は、原発燃料税法の規定に従っている。当該法律が有効である場合、本件訴えを棄却するしかない。逆に、原発燃料税法が憲法を侵害し、合憲解釈の可能性も明白欠けているために、無効と宣言された場合、本件訴えを認めることになる。

III.

21

Zur Vorlage des Finanzgerichts haben das Bundesministerium der Finanzen für die Bundesregierung, die Präsidenten des Bundesfinanzhofs, des Finanzgerichts Baden-Württemberg und des Finanzgerichts München sowie die Klägerin Stellung genommen. Der Deutsche Bundestag, der Bundesrat sowie die Länder Hessen,

Mecklenburg-Vorpommern, Niedersachsen und Thüringen haben von einer Stellungnahme ausdrücklich abgesehen; die übrigen Landesregierungen haben sich nicht geäußert.

租税裁判所の付託について、以下の者が意見を述べた。連邦政府を代表して連邦大蔵省、連邦租税裁判所・Baden-Württemberg 租税裁判所・München 租税裁判所の長官、原告である。連邦議会、連邦参議院、Hessen州、Mecklenburg-Vorpommern 州、Niedersachsen 州、Thüringen 州は、明白に意見を述べないことを決定したが、その他の州政府は、意見を述べなかった。

22

1. Die Klägerin hält das Kernbrennstoffsteuergesetz für formell und materiell verfassungswidrig.

原告は、原発燃料税は実体法上でも手続き上でも違憲であると考えている。

23

a) Nach ihrer Auffassung fehlt dem Bund bereits die Gesetzgebungskompetenz.

原告の考えによると、連邦には既に立法管轄が欠けている。

24

aa) Der Bund habe - ungeachtet dessen, ob ihm überhaupt ein Steuererfindungsrecht zustehe - jedenfalls kein Steuererfindungsrecht hinsichtlich solcher Steuern, die im Rahmen der Körperschaftsteuer oder der Gewerbesteuer - also anteilig den Ländern oder Gemeinden zustehender Steuern - als Betriebsausgaben aufkommensmindernd zu berücksichtigen seien und damit mittelbar auch Bund und Länder belasteten. Über diesen Mechanismus bewirke die Kernbrennstoffsteuer einen - verfassungsrechtlich nicht vorgesehenen - „verkappten Finanzausgleich" zulasten der Länder und Gemeinden. Eine solche, das Steueraufkommen der Länder und Gemeinden mittelbar vermindernde Steuer könne der Bund mit Blick auf das Gefüge der Ertragskompetenztitel des Art. 106 GG und das Gefüge der Gesetzgebungskompetenztitel des Art. 105 GG mangels finanzverfassungsrechtlicher Kompetenz nicht erfinden. Zumindest hätte einem solchen Gesetz zur Wahrung der Länderrechte der Bundesrat zustimmen müssen, was nicht geschehen sei.

（原告の意見の続き）：連邦に租税発明権を認めるか否かを別にして、連邦は最低限に以下の租税の場合に租税発明権を有しない。部分的に州または地方自治体の収入となる法人税または営業税の枠内で、営業費用として控除ができるため、間接的に連邦・州に負担をかけるような租税である。この仕組みにより、原発燃料税は、財政憲法で要諦されていない州および地方自治体の負担となる「隠れた財政調整」を効果とする。州・地方自治体の税収を間接的に削減するこのような租税は、連邦が発明できない。税収の配分に関する憲法 106 条の規定、立法管轄に関する憲法 105 条の規定の体制を配慮して、連邦に当該租税について発明権がない。最低限でも、このような立法のため連邦参議院の同意が必要であったが、本件では同意がなかった。

25

Der Bundesgesetzgeber habe das Kernbrennstoffsteuergesetz zudem mit dem Willen erlassen, eine Verbrauchsteuer einzuführen; er habe mithin keine neue Steuer erfinden wollen. Dem Gesetzgeber dürfe nicht die Ausübung eines vorgeblichen Steuererfindungsrechts unterstellt werden, wenn er dies erkennbar nicht habe ausüben wollen.

（原告の意見の続き）：更に、連邦立法者は原発燃料税法を制定する際に、消費税を導入する意図があった。すなわち、新しい租税を発明する意図はなかった。立法者が明白に租税発明権を行使する意思がなかった時に、疑問である租税発明権の行使を判断することは許されない。

26

bb) Auch sonst stehe dem Bund keine (alleinige) Gesetzgebungskompetenz zu. Die Kernbrennstoffsteuer sei keine Steuer im verfassungsrechtlichen Sinne; sie weise vielmehr Elemente einer nichtsteuerlichen Abgabe in Gestalt einer Vorzugslast auf. In Ansehung der Zuweisung von Mehrerzeugungsmengen sei sie eher als eine „anlassbezogene Konzessionsgebühr" ausgestaltet. Ihr komme zugleich der Charakter einer parafiskalischen Sonderabgabe zu, da sie über den Förderfondsvertrag mit dem nichtsteuerlichen Förderfondsbeitrag verrechnet werde. Letztlich könne offen bleiben, ob es sich bei der Kernbrennstoffsteuer um eine sonstige Abgabe handele. Da es sich bei den sonstigen Abgaben nicht um Steuern handele, richte sich die Gesetzgebungskompetenz nicht nach den Art. 105 f. GG, sondern nach den allgemeinen Vorschriften der Art. 70 ff. GG. Im Bereich der Kernenergieerzeugung liege zwar eine ausschließliche

Gesetzgebungskompetenz nach Art. 73 Abs. 1 Nummer 14 GG beim Bund; auf sie könne sich der Bund im Rahmen der Kernbrennstoffsteuer jedoch nicht berufen. Art. 73 Abs. 1 Nummer 14 GG weise dem Bund die Kompetenz zu, Gesetze über „die Erzeugung und Nutzung der Kernenergie zu friedlichen Zwecken, die Errichtung und den Betrieb von Anlagen, die diesen Zwecken dienen, den Schutz gegen Gefahren, die bei Freiwerden von Kernenergie oder durch ionisierende Strahlen entstehen, und die Beseitigung radioaktiver Stoffe" zu erlassen. Das Kernbrennstoffsteuergesetz sei indes kein solches Gesetz. Zudem widerspreche die Aufrechterhaltung der Kernbrennstoffsteuer als nichtsteuerliche Abgabe der Formenstrenge der Finanzverfassung; eine „Wahlfeststellung" zwischen einer Abgabe und einer Steuer sei unzulässig.

　（原告の意見の続き）：その他の観点からも、連邦には（専属的）な立法権限がない。原発燃料税は、憲法上の意味での租税に該当しない。非租税賦課金であり、優先負担に該当する。追加発電枠の指定を背景に、むしろ「事情から生じる利用料」として形成されている。同時に、租税外の特別賦課金の性質を有する。促進基金契約に基づいて、非租税的な促進基金賦課金と相殺されるからである。原発燃料税がその他の賦課金に該当するか否かは、最終的に判断する必要がない。その他の賦課金は租税に該当しないため、立法管轄が憲法 105 条・106 条を基準としない。憲法 70 条以降の一般規定を基準としている。確かに、原発について、憲法 73 条 1 項 14 号に基づいて、連邦の専属立法管轄が整備されているが、連邦は原発燃料税について、その管轄を行使することができない。憲法 73 条 1 項 14 号は、連邦に以下の管轄を認めている。「原子力を平和目的で発生させ、使用することについて、当該目的のための施設の設置・運営について、原子力の無制限発生・放射能から生じる危険について、放射能物質の処分について」立法できる、との規定である。しかし、原発燃料税法は、それらの領域に属しない。更に、原発燃料税が非租税的賦課金であるが、それをその形で維持することは、財政憲法の方式の厳格性と矛盾している。賦課金と租税の間の「択一的認定」は許されない。

27

Jedenfalls handele es sich bei der Kernbrennstoffsteuer nicht um eine Verbrauchsteuer. Sie sei weder eine herkömmliche Verbrauchsteuer im Sinne des Art. 106 Abs. 1 Nummer 2 GG, noch erfülle sie den historisch abzuleitenden Typusbegriff einer Verbrauchsteuer. Selbst wenn man die Kernbrennstoffsteuer als eine Verbrauchsteuer qualifiziere, handele es sich aufgrund der Ortsbezogenheit des die Steuerpflicht auslösenden Tatbestands allenfalls um eine örtliche Verbrauchsteuer im Sinne des Art. 105 Abs. 2a Satz 1 GG, für die allerdings nur die Länder die ausschließliche Gesetzgebungskompetenz hätten.

（原告の意見の続き）：最低限でも、原発燃料税は、消費税に該当しない。原発燃料税は、憲法 106 条 1 項 2 号でいう従来の消費税に該当しない。また、歴史を見て定義すべき消費税の類型にも該当しない。仮に原発燃料税が消費税に該当すると考えても、租税義務が発生する構成要件が場所を基準としているため、憲法 105 条 2a 項 1 文の地域消費税に該当することになる。その場合、州の専属的立法管轄になる。

28

b) Die Kernbrennstoffsteuer sei zudem materiell verfassungswidrig. Das Kernbrennstoffsteuergesetz verstoße gegen den allgemeinen Gleichheitssatz des Art. 3 Abs. 1 GG und aufgrund der unverhältnismäßigen Höhe der Steuer gegen die Eigentumsgarantie aus Art. 14 Abs. 1 GG. Ferner handele es sich um ein verbotenes Einzelfallgesetz im Sinne von Art. 19 Abs. 1 Satz 1 GG.

（原告の意見の続き）：原発燃料税は、更に実体法上でも違憲である。原発燃料税法は、憲法 3 条 1 項の一般平等原則を侵害する。租税の比例原則に反する高い税率のため、憲法 14 条 1 項の所有権保障を侵害する。更に、憲法 19 条 1 項が禁止する個別事例立法にも該当する。

29

c) Bereits wegen der fehlenden Gesetzgebungskompetenz komme im Ergebnis nur eine Nichtigkeitserklärung des Kernbrennstoffsteuergesetzes mit ex tunc-Wirkung in Betracht. Dies entspreche der gemäß § 78 BVerfGG grundsätzlich vorgesehenen Folge eines für mit dem Grundgesetz unvereinbar erklärten Gesetzes und werde auch in der Literatur als Regelfall angesehen. Für eine bloße Unvereinbarkeitserklärung nach den Kriterien der bisherigen Rechtsprechung des Bundesverfassungsgerichts sei kein Raum.

c)（原告の意見の続き）：立法管轄が欠けている理由だけでも、結果として原発燃料税法を遡及効果で無効と宣言する考えしかありえない。このことは、連邦憲法訴訟法が原則として憲法と両立しないことが宣言された法律の場合、法的効果として定めている。学説でも、この判断を原則としている。今までの

連邦憲法裁判所の判例を基準とすれば、本件では単なる違憲宣言に止まることができない。

30

2. Die Bundesregierung hat bereits Zweifel an der Zulässigkeit der finanzgerichtlichen Vorlage, hält sie jedenfalls für unbegründet.

2. 連邦政府は、既に租税裁判所の付託の適法性が疑問と考えているが、最低限でも、当該付託には理由がないと思っている。

31

a) Der Vorlagebeschluss sei in sich widersprüchlich: Einerseits stelle das Finanzgericht auf die Abwälzung der Kernbrennstoffsteuer als entscheidendes typusbestimmendes Merkmal ab, andererseits habe es keine hinreichende Sachverhaltsaufklärung zu diesem entscheidungserheblichen Punkt vorgenommen. Es setze sich zwar mit der zentralen Figur der kalkulatorischen Abwälzung auseinander, wie sie vor allem in der „Ökosteuerentscheidung" des Bundesverfassungsgerichts entwickelt und konkretisiert worden sei. Um die Frage des Gelingens oder Scheiterns einer solchen kalkulatorischen Abwälzung wirklich beurteilen zu können, hätte das vorlegende Gericht aber die Kalkulationsgrundlagen bei der Produktion von Atomstrom eruieren müssen. Dies sei trotz eines entsprechenden Beweisantrags des Beklagten im finanzgerichtlichen Verfahren unterblieben. Die Klägerin habe nicht substantiiert zu den kalkulatorischen Grundlagen der Stromproduktion in Kernkraftwerken vorgetragen. Wirtschaftswissenschaftliche, von der Klägerin in Auftrag gegebene Parteigutachten zur Strompreisbildung an der Strombörse könnten dieses Defizit in der Ermittlung des entscheidungserheblichen Sachverhalts nicht kompensieren, weil diese eine gänzlich andere Fragestellung zum Gegenstand hätten.

a)（連邦政府の意見の続き）：付託決定は、矛盾を含む。租税裁判所は一方に、原発燃料税を転嫁できるか否かを決定的な基準としているが、他方、この点について充分な事実認定を行っていなかった。確かに、特に連邦憲法裁判所の「環境税判例」で展開された計算上の転嫁という中心的な論点を検討している。しかし、当該計算上の転嫁の成功・不成功を本当に判断するためには、付託裁判所は、原発電力の発電の際の計算について、確認する必要があった。租税裁判所での被告がこのように証拠調べを申請したにも関わらず、

26

その確認がされなかった。原告も、原発における発電の計算上の前提について、詳しく説明しなかった。原告が電力取引所における相場確認に関する経済学学者による意見書を提供したが、これらの意見書は全く異なる問題を対象としているため、この穴を埋めることができない。

32

b) Der Bund habe die Gesetzgebungskompetenz für das Kernbrennstoffsteuergesetz; das Gesetz verstoße auch im Übrigen nicht gegen das Grundgesetz.

b）a）（連邦政府の意見の続き）：連邦には、原発燃料税法のために必要な立法管轄があった。本件法律は、その他にも、憲法を侵害しない。

33

aa) Dem Steuergesetzgeber stehe bei der Auswahl des Steuergegenstandes prinzipiell ein weiter Gestaltungsspielraum zu, so dass die Kompetenzbegriffe des Art. 105 und des Art. 106 GG hinreichend offen ausgelegt werden müssten. Der demnach weit zu verstehende Verbrauchsteuerbegriff des Grundgesetzes müsse nicht strapaziert werden, um auch die Kernbrennstoffsteuer zu erfassen. Die Kernbrennstoffsteuer entspreche vielmehr dem Phänotypus einer Verbrauchsteuer: Sie knüpfe tatbestandlich an den Verbrauch von Waren an, indem das erstmalige Einbringen von Brennelementen und das Auslösen einer sich selbsttragenden Kettenreaktion die Steuer entstehen lasse. Die Kernbrennstoffsteuer führe zudem nicht zu einer „Gewinnabschöpfung"; diese sei weder die Intention des Gesetzgebers gewesen, noch werde ein solches Ziel mit der Steuer erreicht. Kernbrennstoffe seien überdies geeignete Gegenstände einer Verbrauchsbesteuerung. Kernbrennstoffe, die durch den Einsatz in Atomkraftwerken chemisch-physikalisch umgewandelt würden, unterlägen aufgrund der spezifischen von ihnen ausgehenden Gefahren zwar zahlreichen Restriktionen und seien als Produktionsgüter nicht Waren des täglichen Bedarfs. Diese Gesichtspunkte erklärten sich jedoch aus der Natur der Sache und hätten keinen Einfluss auf die Eignung der Kernbrennstoffe als Gegenstand einer Verbrauchsbesteuerung. Die Eigentumsverhältnisse an den eingesetzten Kernbrennstoffen wie auch Einschränkungen bei der freien Handelbarkeit von Kernbrennstoffen und die Besonderheit der Erhebungstechnik seien ohne jede Relevanz. Der Annahme einer

Verbrauchsteuer stehe auch nicht entgegen, dass es sich bei den Kernbrennstoffen um Produktionsgüter handele. Die ausschließliche Belastung konsumfähiger Güter gehöre nicht zu den prägenden Merkmalen einer Verbrauchsteuer. Das Bundesverfassungsgericht habe in der „Ökosteuerentscheidung" überdies grundsätzlich anerkannt, dass auch der „unternehmerische" Verbrauch von Verbrauchsteuern erfasst werden könne.

aa）(連邦政府の意見の続き)：租税立法者が租税対象を選ぶ際に、幅広い形成裁量が認められる。そのため、憲法 105 条・憲法 106 条の管轄概念は、充分に広く解釈する必要がある。そのため、憲法の消費税概念は、広く理解すべきである。そのため、原発燃料税も消費税概念に該当することには、無理が必要でない。原発燃料税は、消費税の現象に合致している。原発燃料税の構成要件は、産品の消費を対象としている。燃料パックを最初に原発に入れて、継続的な連鎖反応を成立

させることは、租税債務の発生条件である。原発燃料税は、「利益の汲み上げ」を結果としない。原発燃料は、消費税の課税に適している対象である。立法者はそれを意図しなかった、または、このような目的をこの租税で達成しているともいえない。原発燃料は、原発で使用されることにより、物理学上・化学上に変更されることになる。その原発燃料から発生する危険のため、多くの制限の対象となり、生産産品として日常需要の商品には該当しない。しかし、この観点は、状況から必然的であり、原発燃料を消費税課税の対象にすることが適切か否かの問題には、影響しない。原発燃料の所有権関係または原発燃料が自由に取引できないための制限および課税技術の特徴も、全く関係ない観点である。原発燃料は、生産のための産品である点も、消費税に該当することを排除しない。個人消費が可能である産品のみを課税することは、消費税の類型を決定する要件ではない。連邦憲法裁判所は、「環境税判例」で「経営者による」消費が消費税の対象になりうることを、原則として認めた。

34

bb) Entgegen den Ausführungen im Vorlagebeschluss sei in den Gesetzesmaterialien weder behauptet worden, die Kernbrennstoffsteuer sei nicht abwälzbar, noch hätte eine solche Behauptung - wäre sie denn erfolgt - notwendig durchschlagende Wirkung auf die verfassungsrechtliche Prüfung dieser Steuer. Aus keiner Textstelle in der Gesetzesbegründung ergebe sich, dass die Abwälzung kategorisch ausgeschlossen sei; es werde lediglich vermutet, dass die Abwälzung nicht in jedem Fall gelingen werde. Die direkte Abwälzung auf die Endabnehmer werde damit nicht grundsätzlich infrage gestellt. Zudem nähmen die Gesetzesmaterialien die Möglichkeit der nicht preiserhöhenden, rein kalkulatorischen Abwälzung in der vom Bundesverfassungsgericht entwickelten Gestalt implizit auf.

　（連邦政府の主張の続き）：bb）付託決定の説明と逆に、法案の理由は、原発燃料税を展開できないことを述べていない。また、このように述べても（実際は述べていないが）、本件租税の憲法上の検討に決定的な影響がない。法案理由のどのところを見ても、転嫁が完全に排除されている、との説明がない。単に、転嫁は全ての場合に成功することと限らない予測があるにすぎない。そのことにより、最終消費者への直接転嫁は、根本的に疑問視されることはない。更に、連邦憲法裁判所が展開した形の以下の可能性を黙示的に採用している。すなわち、単価を上昇させない、純粋に計算上の転嫁、との可能性である。

35

　Es sei auch weder ersichtlich noch dargetan, dass die Abwälzbarkeit rechtlich und tatsächlich ausgeschlossen sei. Abgesehen davon, dass nicht einmal die Klägerin die Möglichkeit einer - wenn auch geringen - Abwälzbarkeit bestreite, lasse ihre Argumentation hinsichtlich der Strompreisbildung außer Acht, dass das Verfahren an den Strombörsen nur einen Teil der Stromverkäufe abbilde und andere Endabnehmer von Strom direkte Verträge mit Kraftwerkbetreibern geschlossen hätten. Insofern gestalte sich der Preisbildungsmechanismus wesentlich komplexer als von dem Finanzgericht und der Klägerin dargestellt, zumal dabei die Markt- und Preisbildungsmacht der oligopolistisch agierenden, Kernkraftwerke betreibenden Energiekonzerne, die rund 80 Prozent der konventionellen Stromerzeugung kontrollierten, gänzlich unberücksichtigt sei.

　（連邦政府の主張の続き）：転嫁が法律上でも事実上でも不可能であることも、明白でない。または、原告からそのような説明もない。原告でも、確かに小規模ではあるが、転嫁の可能性を否定していない。また、原告の説明は、以下の点を配慮していない。電力取引所での手続きは、電力市場の一部のみを反映している。他の最終消費者が原発運営者と直接契約を締結している場合もある。その限り、値段決定の仕組みは、租税裁判所および原告の説明よりは、大幅に複雑になる。その際、原発を運営しているエネルギー業者が、再生可能エネルギー以外の電力の８割を支配しているため、市場・値段決定につ

いて支配力を有する点も、完全に無視されている。

36

Hinzu komme, dass die preiserhöhende Abwälzung kein konstitutives Merkmal einer Verbrauchsteuer sei. Nach der „Ökosteuerentscheidung" könne sich die Abwälzung auf Endverbraucher auch so gestalten, dass sich das für die Herstellung von Endprodukten eingesetzte Gut samt der auf ihm liegenden Verbrauchsteuerbelastung nur mittelbar im Preis des Endproduktes niederschlage. In der Entscheidung zur Spielgerätesteuer habe das Bundesverfassungsgericht überdies festgestellt, dass die kalkulatorische Abwälzung zumindest so lange gegeben sei, wie das Unternehmen noch Gewinn erziele. Dies sei bei den Betreibergesellschaften von Kernkraftwerken und insbesondere bei der Klägerin der Fall, zumal Letztere ausweislich des Protokolls über die öffentliche Sitzung vor dem Finanzgericht am 29. Januar 2013 erklärt habe, dass die streitgegenständlichen Kernkraftwerke zurzeit wirtschaftlich betrieben würden.

（連邦政府の主張の続き）：更に、値段の増額を伴う転嫁は、消費税の決定的な要件でない。「環境税判例」を配慮すれば、最終消費者への転嫁は、以下のように形成しても構わない。すなわち、最終産品の生産に使用されている財物が、その財物を課税する消費税負担とともに、最終産品の値段に間接的に影響するだけで、充分である。賭博機器税に関する判例では、連邦憲法裁判所は更に以下の点を確認した。最低限でも企業が依然として利益を得ている間には、計算上の転嫁が成立する、と。原発を運営している会社、特に原告の場合、その条件が備えている。原告は租税裁判所の 2013 年 1 月 29 日の公判の際に、本件原発の運営には、現在、経済性がある、と説明した。

37

cc) Die Kernbrennstoffsteuer sei überdies keine örtliche Verbrauchsteuer im Sinne von Art. 105 Abs. 2a GG. Das Besteuerungsgut, der Kernbrennstoff, sei nicht ortsfest, sondern beweglich. Das Einbringen in den Kernreaktor, um eine Kettenreaktion auszulösen, sei steuertechnisch lediglich tatbestandsauslösend. Eine „örtliche Radizierung" der Steuer sei damit nicht gegeben.

（連邦政府の主張の続き）：cc）原発燃料税は、憲法 105 条2a項における地域消費税に該当しない。課税される財物（原発燃料）は、場所に固定されていない。移動が可能である。連鎖反応を発生させるために原発に入れること

が、租税上で単に構成要件を発生させるにすぎない。租税を「場所に限定」する効果は生じない。

38

Die Kernbrennstoffsteuer sei darüber hinaus keine „anlassbezogene Konzessionsgebühr" oder „parafiskalische Sonderabgabe".

（連邦政府の主張の続き）：原発燃料税には更に、「事情から生じる使用料」または「租税外の特別賦課金」の性質もない。

39

dd) Der Umstand, dass die Kernbrennstoffsteuer wegen ihrer gewinnmindernden Wirkung das Landessteuersubstrat mindere, sei kompetenzrechtlich irrelevant. Mittelbare Auswirkungen auf die Landessteuereinnahmen seien angesichts der gegenseitigen Verflechtungen im Einnahmenbereich von Bund und Ländern keine Besonderheit. Art. 105 Abs. 3 GG stelle allein auf die positive finanzverfassungsrechtliche Ertragshoheit ab. Selbst im atypischen, weil finanzverfassungsrechtlich nicht vorgezeichneten Fall der Versteigerungserlöse aus den UMTS-Lizenzen sei eine Beteiligung der Länder an den seinerzeit gewaltigen Summen verneint worden. Dies müsse erst recht im Zusammenhang mit Steuern im Zehnten Abschnitt des Grundgesetzes gelten, stelle dieser mit Art. 106 Abs. 3 und 4 GG doch ein Instrument zur Verfügung, um gegebenenfalls auf Verschiebungen zu reagieren.

（連邦政府の主張の続き）：dd）原発燃料税は、利益を減少させるため、州の税収を削減する事情は、管轄を判断する際に関係ない。連邦及び州の税収領域では相互に関連性があるため、間接的に州の税収に影響があることは、よくある現象である。憲法105条3項は、専ら財政憲法上の収益管轄を基準としている。財政憲法で明白な規定がないため、類型外であったUMTS許可競売の収益についても、当時に発生した莫大な金額の州の取り分が否定されてきた。この考えは、憲法第10章に基づく租税について、なおさら採用すべきである。そこには、憲法106条3項・4項で、必要に応じて変更に対応する手段を整備しているからである。

40

ee) Schließlich verstoße das Kernbrennstoffsteuergesetz weder gegen den allgemeinen Gleichheitssatz des Art. 3 Abs. 1 GG noch gegen die Eigentumsgarantie aus Art. 14 Abs. 1 und 2 GG; es handele sich auch nicht um ein verbotenes Einzelfallgesetz.

（連邦政府の主張の続き）：ee）最後に、原発燃料税法は、憲法3条1項の一般平等原則にも、憲法14条1項・2項の所有権保障をも侵害しない。禁止されている個別事例立法にも該当しない。

41

3. Der VII. Senat des Bundesfinanzhofs hat in seiner Stellungnahme darauf hingewiesen, dass er sich mit den vom Finanzgericht aufgeworfenen verfassungsrechtlichen Fragen zur Kernbrennstoffsteuer inhaltlich bislang nicht befasst, sondern lediglich die in diesem Zusammenhang gestellten Anträge auf Aufhebung der Vollziehung der Kernbrennstoffsteuer-Anmeldung abgelehnt habe.

3. 連邦租税裁判所の第7法廷は、意見を述べているところで、租税裁判所が提起した憲法上の問題を今まで検討しなかった、と述べた。単に、この関連で提起された原発燃料税の執行の停止に関する申請を棄却したにすぎない。

42

Die Frage, ob eine besondere Verbrauchsteuer auch in der Produktion verwendete Waren belasten könne, habe der Bundesfinanzhof bereits 1984 dahin entschieden, dass es keinen Rechtssatz gebe, der das Anknüpfen einer Verbrauchsteuer an einen typischen Rohstoff verbiete. Daher gehöre die ausschließliche Belastung konsumfähiger Güter nicht zu den prägenden Merkmalen einer Verbrauchsteuer. Mit dieser Begründung habe der Bundesfinanzhof die Erhebung einer besonderen Verbrauchsteuer auf nicht genussfähige und in der Kosmetikindustrie verwendete technische Alkohole (insbesondere Propanol und Methanol) für zulässig erachtet.

（連邦租税裁判所の意見の続き）：生産において使用される産品に課税する場合でも消費税が成立するか否かの問題については、連邦租税裁判所は既に1984年に判断を示した。消費税が通常の原材料を課税することを禁止する規定は存在しない、と。そのため、最終消費者による消費が可能である産品のみを課税することは、消費税の類型を決定する要素でない。この理由により、連邦租税裁判所は、消費不能で化粧品産業で使用されていう技術アルコール（特にプロパノール・メタノール）に対する特別消費税の課税が許される、

と判断した。

43

Hinsichtlich der vom Finanzgericht infrage gestellten Abwälzbarkeit der Kernbrennstoffsteuer als unabdingbares Merkmal einer Verbrauchsteuer vertrete der Bundesfinanzhof in ständiger Rechtsprechung die Auffassung, dass die bloße Möglichkeit der Abwälzung der Steuer genüge, so dass dem Steuerschuldner nicht in jedem Fall Gewähr geboten werden müsse, dass er die Verbrauchsteuer tatsächlich abwälzen könne. Im Hinblick auf die infolge eines Forderungsausfalls misslungene Abwälzung der Steuerlast im Handel mit versteuertem Mineralöl habe er geurteilt, dass sich die Abwälzung der Steuer außerhalb des steuerrechtlich geregelten Bereichs vollziehe. Sie erfolge in der Form, dass der Gegenwert der beim Übergang in den freien Verkehr erhobenen Steuer kalkulatorisch in den Preis der Ware eingehe und beim Weiterverkauf als Preisbestandteil weitergegeben werde. Damit sei das Risiko der Abwälzung der Steuer als Preisbestandteil aus dem steuerrechtlichen Bereich ausgeschieden und in den Bereich des allgemeinen kaufmännischen Risikos einbezogen worden.

（連邦租税裁判所の意見の続き）：租税裁判所が疑問視した原発燃料税の転嫁可能性について、連邦租税裁判所は、繰り返しに判例で、以下の考えを示した。租税の転嫁が可能であることだけで充分であり、租税債務者が常に消費税を実際に転嫁できるまで保障する必要がない、と。課税されている石油の転嫁が債権の回収不能によって失敗した案件について、租税の転嫁が租税法で規定されている領域以外で発生する、と判断した。自由取引に置く時点で課税されている租税は、産品の値段を計算する際に配慮される。再販売では、値段の一部として転嫁される、との判断である。そのため、租税の転嫁のリスクは、値段の一部として租税法領域から外れることになる。一般的営業リスクの一部になる。

44

In einer weiteren Entscheidung habe der Bundesfinanzhof ausgeführt, die besonderen Verbrauchsteuern seien zwar auf Abwälzung der Steuerlast auf den Verbraucher als den eigentlichen Belastungsträger angelegt; nach der höchstrichterlichen Rechtsprechung gehöre zum Begriff der Verbrauchsteuer jedoch nicht die rechtliche Gewähr, dass der Steuerschuldner stets den von ihm entrichteten Betrag von der Person ersetzt erhalte, die nach der Konzeption des Gesetzgebers letztlich die Steuer tragen solle. Auch bei einem Misslingen der Abwälzung im Einzelfall wandele sich die Steuer nicht zu einer dem Grundsatz der Besteuerung nach der wirtschaftlichen Leistungsfähigkeit widersprechenden und verfassungsrechtlich zu beanstandenden Unternehmensteuer.

（連邦租税裁判所の意見の続き）：

45

4. Das Finanzgericht Baden-Württemberg hat zunächst herausgestellt, dass sich der für die Kernbrennstoffsteuer zuständige Senat bislang nur im Rahmen des einstweiligen Rechtsschutzes mit der Thematik befasst habe. Aus diesem Grund könne es sich nicht abschließend zum Ausgangsverfahren positionieren. In den beiden im Rahmen des einstweiligen Rechtsschutzes ergangenen Beschlüssen habe das Finanzgericht Baden-Württemberg, anders als zuvor die Finanzgerichte Hamburg und München, die Auffassung vertreten, dass die von den Antragstellern vorgetragenen Einwendungen nicht hinreichend gewichtig seien, um ernstliche Zweifel an der Rechtmäßigkeit der angefochtenen Steuerfestsetzungen zu begründen. Die den Festsetzungen zugrundeliegenden Vorschriften des Kernbrennstoffsteuergesetzes stünden bei summarischer Prüfung sowohl mit den Regelungen des Grundgesetzes als auch mit den Vorgaben des Unionsrechts in Einklang. Insbesondere begegne die Einordnung der Kernbrennstoffsteuer als Verbrauchsteuer im Sinne des Art. 106 GG keinen durchgreifenden Bedenken; auf der Grundlage der Art. 105 Abs. 2, 106 Abs. 1 Nummer 2 GG habe eine Gesetzgebungskompetenz des Bundes zum Erlass des Kernbrennstoffsteuergesetzes bestanden.

4. Baden-Württemberg 租税裁判所は、以下の点を説明した。原発燃料税担当の法廷は、今まで本件問題を仮処分申請の枠内のみで扱った、と。そのために、本件訴訟について最終的な意見を述べることができない。仮処分申請について行った両方の決定において、Baden-Württemberg 租税裁判所は、申請者が述べた観点が、取消対象となる租税申告の適法性に重大な疑問が生じるほどのものではない、と判断した。その限り、それより以前に Hamburg 租税裁判所 München および租税裁判所が異なる見解を主張した。概略的にみて、原発燃料税法の規定は、憲法とも、EU法とも両立している。特に、原発燃料税を憲法 106 条における消費税として把握することに対しては、重大な疑問が存在しない。憲法 105 条 2 項、憲法 106 条 1 項 2 号に基づいて、連

邦には原発燃料税法を制定する立法管轄があった。

5. Das Finanzgericht München hat sich in seiner Stellungnahme ausschließlich zum Ablauf der dort anhängigen (Eil-)Verfahren geäußert und den Inhalt der im einstweiligen Rechtsschutzverfahren ergangenen Beschlüsse skizziert. In diesen Verfahren habe der zuständige 14. Senat des Finanzgerichts München die Vollziehung der ihm zur Entscheidung vorliegenden Steueranmeldungen jeweils aufgehoben. Diesen Entscheidungen lägen ernstliche Zweifel an der Gesetzgebungskompetenz des Bundes gemäß Art. 106 Abs. 1 Nummer 2 GG und damit an der formellen Verfassungsmäßigkeit des Kernbrennstoffsteuergesetzes zugrunde. Diese Zweifel stützten sich insbesondere auf die Begründung zum Entwurf eines Kernbrennstoffsteuergesetzes (BTDrucks 17/3054, S. 1 ff.), die das Finanzgericht München dahingehend verstanden habe, dass von Beginn des Gesetzgebungsverfahrens an eine Abwälzung der Kernbrennstoffsteuer - wenn überhaupt - nur in sehr geringem Umfang für möglich gehalten worden sei.

5. München 租税裁判所の意見は、専らその裁判所で係属している仮処分訴訟の状況について説明した。仮処分手続きで行った決定の内容を概略的に説明した。これらの訴訟では、München 租税裁判所で管轄を有する第 14 法廷は、訴訟対象となっている租税申告の執行を停止した。その判断の根拠は、憲法 106 条 1 項 2 号に基づいた連邦の立法管轄、それにより原発燃料税が手続法上に合憲である点について、重大な疑問である。その疑問の根拠は、特に原発燃料税法の法案の理由（出典）であった。München 租税裁判所の理解では、立法者が最初から原発燃料税の転嫁を完全に不可能と思ったか、それとも非常の小規模でしかできない、と思ったか、との理解である。

6. Dem Bundesverfassungsgericht haben die Akten des Ausgangsverfahrens vorgelegen.

6. 連邦憲法裁判所には、元の訴訟の記録が提供された。

B.

Die Vorlage ist zulässig (Art. 100 Abs. 1 GG, § 13 Nr. 11, §§ 80 ff. BVerfGG).

付託は適法である（憲法 100 条 1 項、連邦憲法裁判所法 13 条 11 号、80 条以下）。

I.

49

Das Finanzgericht hat seine Überzeugung von der Verfassungswidrigkeit der angewendeten Normen des Kernbrennstoffsteuergesetzes in einer den Erfordernissen des § 80 Abs. 2 Satz 1 BVerfGG genügenden Weise dargetan.

租税裁判所は、原発燃料税法の規定が違憲である考えについて、連邦憲法裁判所法 80 条 2 項 1 文の要請を満たす方法で、説明した。

50

1. Im Hinblick auf den Vorlagegegenstand muss das Gericht den verfassungsrechtlichen Prüfungsmaßstab benennen und die für seine Überzeugung von der Verfassungswidrigkeit maßgebenden Erwägungen nachvollziehbar und erschöpfend darlegen (vgl. BVerfGE 78, 165 <171 f.>; 86, 71 <77 f.>; 88, 70 <74>; 88, 198 <201>; 93, 121 <132>; 127, 335 <356>; 131, 88 <117 f.>). Es hat sich im Einzelnen mit der Rechtslage auseinanderzusetzen, auf nahe liegende tatsächliche und rechtliche Gesichtspunkte einzugehen und die in Schrifttum und Rechtsprechung - insbesondere derjenigen des Bundesverfassungsgerichts - entwickelten, für die vorgelegte Frage bedeutsamen Rechtsauffassungen ebenso zu verarbeiten wie die Entstehungsgeschichte der betreffenden Norm (vgl. etwa BVerfGE 65, 308 <316>; 76, 100 <104>; 77, 259 <262>; 125, 175 <220>; 127, 335 <356>; 131, 88 <118>). Dabei hat es die aus seiner rechtlichen Sicht zur Prüfung der Verfassungsmäßigkeit der Norm erforderlichen tatsächlichen Feststellungen zu treffen und in seinen Vorlagebeschluss aufzunehmen (BVerfGE 77, 308 <328>; 80, 68 <71>; BVerfGK 15, 447 <452 f.>). § 80 Abs. 2 Satz 1 BVerfGG verpflichtet das vorlegende Gericht jedoch nicht, auf jede denkbare Rechtsauffassung einzugehen (vgl. BVerfGE 141, 1 <11 Rn. 22>).

1. 付託対象について、裁判所は憲法上の判断基準を説明した上に、違憲である考えの根拠となる理由を理解できる形で包括的に説明しなければならない（出典）。法律解釈について個別的に検討しなければならない。当然問題

36

となる事実上及び法律上の観点を配慮し、学説及び判例（特に連邦憲法裁判所の判例で）展開された問題となる解釈を検討し、当該規定の制定史も検討しなければならない（出典）。その際、裁判所の考えで当該規定の違憲審査に必要な事実認定を行った上、認定された事実を付託決定で説明しなければならない（出典）。但し、連邦憲法裁判所法80条2項1文に基づいて、付託裁判所は考えられる全ての法解釈を検討する義務を負わせるものではない（出典）。

51

2. Das Finanzgericht hat den für seine rechtliche Beurteilung erforderlichen Sachverhalt mitgeteilt und seine Überzeugung von der Verfassungswidrigkeit der zur Prüfung gestellten Normen des Kernbrennstoffsteuergesetzes unter Berücksichtigung des atompolitischen Hintergrundes, der Gesetzgebungsgeschichte und Herausarbeitung der in der Rechtsprechung und im Schrifttum vertretenen Auffassungen umfassend und plausibel begründet, wobei es auch abweichende Ansichten - insbesondere die des Finanzgerichts Baden-Württemberg (Beschluss vom 11. Januar 2012 - 11 V 2661/11 -, juris, Rn. 32 ff. und Beschluss vom 11. Januar 2012 - 11 V 4024/11 -, juris, Rn. 31 ff.) - in den Blick genommen hat. Darüber hinaus hat es einen Abgleich der Kernbrennstoffsteuer mit den herkömmlich geregelten Verbrauchsteuern vorgenommen und auf dieser Grundlage unter Heranziehung der Gesetzesmaterialien zum Finanzverfassungsrecht, der höchstrichterlichen Rechtsprechung und vor allem der Rechtsprechung des Bundesverfassungsgerichts den für ihn maßgeblichen finanzverfassungsrechtlichen Verbrauchsteuerbegriff definiert; in diesem Zusammenhang hat es sich auch mit dem Merkmal der Abwälzbarkeit der Steuer auseinandergesetzt, sein Vorliegen in Bezug auf die Kernbrennstoffsteuer indes verneint.

2. 租税裁判所は法的判断に必要な事実について説明した。付託対象となる原発燃料税法の規定が違憲である考えについて、原発政治的な背景、制定史および判例・学説で展開されている法解釈を配慮して包括的に説得力ある形で理由を述べた。その際、租税裁判所は自分の意見と異なる考えも配慮した。特に Baden-Württemberg 租税裁判所 2012 年 1 月 12 日決定（出典）の見解はそうである。更に、租税裁判所は原発燃料税を従来から規定されていた消費税の種類と比較した。それを根拠に、財政憲法の制定史資料・判例（特に連邦憲法裁判所の判例）を元に、租税裁判所が採用する「消費税」概念

を定義した。その際、租税の転嫁に関しても議論を展開したが、原発燃料税については、転嫁可能性を否定した。

II.

52

1. Dem Vorlagebeschluss ist ferner mit hinreichender Deutlichkeit zu entnehmen, dass die Vorlagefrage entscheidungserheblich ist, weil das Finanzgericht im Falle der Gültigkeit der für verfassungswidrig gehaltenen Rechtsvorschriften zu einem anderen Ergebnis käme als im Falle ihrer Ungültigkeit (vgl. BVerfGE 7, 171 <173 f.>; 47, 146 <154>; 48, 396 <399 f.>; 90, 145 <170>; 131, 1 <15>; 131, 88 <117>; 133, 1 <10 f. Rn. 35>; 135, 1 <10 f. Rn. 28>). Dabei kommt es für die Beurteilung der Entscheidungserheblichkeit einer zur verfassungsrechtlichen Prüfung gestellten Norm maßgeblich auf den Rechtsstandpunkt des vorlegenden Gerichts an, sofern dieser nicht offensichtlich unhaltbar ist (vgl. BVerfGE 7, 171 <175>; 57, 295 <315>; 105, 61 <67>; 121, 233 <237>; 126, 77 <97>; 129, 186 <203>; 131, 1 <15>; 133, 1 <10 f. Rn. 35>; 135, 1 <10 f. Rn. 28>; 138, 1 <15 Rn. 35>; 141, 1 <11 Rn. 22>) oder es sich um eine verfassungsrechtliche Vorfrage handelt (vgl. BVerfGE 48, 29 <38>; 67, 26 <35>; 69, 150 <159>; 78, 165 <172>; 89, 144 <152>; 131, 1 <15>).

1. 付託決定は更に十分に明瞭な形で付託質問が決定のために必要である点を説明している。違憲と考えている法規が有効である場合と無効である場合、租税裁判所が異なる結論を出すことを説明している（出典）その際、原則として違憲審査の対象とされた規定の決定に必要であるか否かの点について、付託裁判所の法解釈が基準となる。但し、当該解釈が明白に支持不可能である場合（出典）または憲法上の問題である場合（出典）、その限りでない。

53

Aus den Ausführungen des Finanzgerichts ergibt sich, dass die Entscheidung des Ausgangsverfahrens bei Gültigkeit des Kernbrennstoffsteuergesetzes anders ausfiele als bei seiner Ungültigkeit. Das Prozessziel der Klägerin - die Aufhebung der Steueranmeldung - kann nur bei einer Nichtigkeitserklärung des Kernbrennstoffsteuergesetzes, nicht aber über alternative Entscheidungsmöglichkeiten des vorlegenden Gerichts erreicht werden.

租税裁判所の説明をみると、原発燃料税法が有効である場合と無効である場合、元の訴訟の判断が異なることが明らかである。原告の訴訟目的（租税

申告の破棄）は、原発燃料税を無効にする場合にのみ達成できる。付託裁判所の他の判断可能性によって達成することができない。

54

2. Der Umstand, dass das Kernbrennstoffsteuergesetz nur auf solche Besteuerungsvorgänge anzuwenden ist, bei denen die sich selbsttragende Kettenreaktion vor dem 1. Januar 2017 ausgelöst wurde (§ 12 KernbrStG), steht der Zulässigkeit der Vorlage nicht entgegen. Es ist für den im Ausgangsverfahren relevanten Zeitraum weiterhin entscheidungserheblich und eine Erledigung des Ausgangsverfahrens nicht eingetreten (vgl. hierzu BVerfGE 47, 46 <64>; 123, 1 <14>).

2. 確かに、原発燃料税法は、継続的な連鎖反応が 2017 年 1 月 1 日以前に発生した租税案件のみに適用されている（原発燃料税法 12 条）。しかし、この事情も、付託の適法性を妨げない。元の訴訟で基準となった期間のために、原発燃料法は依然として適用される。元の訴訟が意味なくなったとは言えない（出典）。

55

3. Der Gerichtshof der Europäischen Union hat die Konformität des Kernbrennstoffsteuergesetzes mit dem Unionsrecht bestätigt (EuGH, Urteil vom 4. Juni 2015 - C-5/14 -, juris, Rn. 40 ff.). Ein möglicher Verstoß des Kernbrennstoffsteuergesetzes gegen Unionsrecht steht seiner Entscheidungserheblichkeit im Ausgangsverfahren somit nicht entgegen (vgl. BVerfGE 106, 275 <295>; 110, 141 <155>; 116, 202 <214>; BVerfGK 14, 429 <433>).

3. EU裁判所は原発燃料税法がEU法と両立していることを確認した（出典）。そのため、原発燃料法がEU法を侵害する可能性は、元の訴訟での判断に必要であることを妨げないことになる（出典）。

C.

56

Das Kernbrennstoffsteuergesetz vom 8. Dezember 2010 (BGBl I S. 1804), zuletzt geändert durch Art. 240 der Zehnten Zuständigkeitsanpassungsverordnung vom 31. August 2015 (BGBl I S. 1474), ist mit Art. 105 Abs. 2 GG in Verbindung mit Art. 106 Abs. 1 Nummer 2 GG unvereinbar und nichtig. Dem Bundesgesetzgeber fehlte die Gesetzgebungskompetenz zu seinem Erlass.

最終的に 2015 年 8 月 31 日の第 10 管轄改正法規命令の第 240 条（出典）で改正された 2010 年 12 月 8 日の原発租税法（出典）は憲法 105 条・106 条と両立しないため無効である。連邦立法者は、当該法律を制定するための立法管轄を欠けていた。

I.

57

1. Die Finanzverfassung des Grundgesetzes ist Eckpfeiler der bundesstaatlichen Ordnung. Sie soll eine Finanzordnung sicherstellen, die den Gesamtstaat und die Gliedstaaten am Gesamtertrag der Volkswirtschaft angemessen beteiligt. Bund und Länder müssen im Rahmen der verfügbaren Gesamteinnahmen so ausgestattet werden, dass sie die Ausgaben leisten können, die zur Wahrnehmung ihrer Aufgaben erforderlich sind (vgl. BVerfGE 32, 333 <338>; 55, 274 <300>; 78, 249 <266 f.>; 93, 319 <342>; 101, 141 <147>; 105, 185 <194>; 108, 1 <15>; 108, 186 <214 f.>).

1.憲法の財政に関する規定は、連邦制の主柱である。連邦及び州を適切な形で国民経済の成果を配布する金融秩序を確保することを目的としている。配布できる税収の全体の枠内で、課題の履行に必要な国費を負担できるほど、連邦及び州に予算を与えなければならない（出典）。

58

2. a) Die grundgesetzliche Finanzverfassung, wie sie in den Art. 104a ff. GG zum Ausdruck kommt, bildet eine in sich geschlossene Rahmen- und Verfahrensordnung und ist auf Formenklarheit und Formenbindung angelegt. Diese Prinzipien erschöpfen sich nicht in einer lediglich formalen Bedeutung. Sie sind selbst Teil der funktionsgerechten Ordnung eines politisch sensiblen Sachbereichs und verwirklichen damit ein Stück Gemeinwohlgerechtigkeit. Zugleich fördern und entlasten sie den politischen Prozess, indem sie ihm einen festen Rahmen vorgeben. Für Analogieschlüsse, die notwendig zu einer Erweiterung oder Aufweichung dieses Rahmens führen würden, ist in diesem Bereich kein Raum (vgl. BVerfGE 67, 256 <288 f.>; 105, 185 <193 f.>).

2. a)憲法 104a 条以下にある財政憲法は、完結された枠組み・手続き規制

であり、類型の明白性および類型の拘束力を原則としている。これらの原則は単なる形式的なものではない。政治的に重要な領域についての機能的秩序の一部であり、公益上の正義の一部を実現している。同時に、政治的過程のために確定された枠組みを与えることにより、それを促進して、その負担を減らしている。そのため、当該枠組の拡大・軟化を必然的に生じさせる類推適用は、この領域では排除されている（出典）。

59

b) Der strikten Beachtung der finanzverfassungsrechtlichen Zuständigkeitsbereiche von Bund und Ländern kommt eine überragende Bedeutung für die Stabilität der bundesstaatlichen Verfassung zu. Weder der Bund noch die Länder können über ihre im Grundgesetz festgelegten Kompetenzen verfügen; einfachgesetzliche Kompetenzverschiebungen zwischen Bund und Ländern wären auch nicht mit Zustimmung der Beteiligten zulässig (vgl. BVerfGE 4, 115 <139>; 32, 145 <156>; 39, 96 <109>; 55, 274 <300 f.>; 105, 185 <194>). Bei der Ertragsverteilung der Steuern handelt es sich gemeinsam mit der Verteilung der Gesetzgebungs- und Verwaltungskompetenzen um eine zentrale Frage der politischen Machtverteilung in der Bundesrepublik Deutschland (vgl. BVerfGE 55, 274 <301>). Unsicherheiten in der Ertragszuordnung würden in diesem Kontext zu erheblichen Verwerfungen im Bereich der Befriedungsfunktion der Finanzverfassung führen.

b）連邦および州の財政条の管轄を厳格に順守することは、連邦憲法の安定のために極めて重要である。連邦も州も、憲法で規定されている管轄について変更を加えることができない。憲法改正を伴うなく連邦と州の管轄をに変更を加えることは、関係者の承認を備えても許されない（出典）。税収の配布は、立法・行政管轄の配布と同様に、ドイツ連邦共和国における政治的支配の分布の中心的な観点である（出典）。収益の配布に関する不明瞭性は、財政憲法の領域における安定機能に多くの支障を生じさせることになる。

60

c) Über ihre Ordnungsfunktion hinaus entfaltet die Finanzverfassung eine Schutz- und Begrenzungsfunktion, die es dem einfachen Gesetzgeber untersagt, die ihm gesetzten Grenzen zu überschreiten (vgl. BVerfGE 34, 139 <146>; 55, 274 <302>; 67, 256 <288 ff.>; 93, 319 <342 f.>; 108, 186 <215>; 123, 132 <141>; 124, 348 <364>; 132, 334 <349 Rn. 47 f.>; 137, 1 <17 Rn. 38>; BVerfG, Beschluss des Zweiten Senats vom

17. Januar 2017 - 2 BvL 2/14 -, juris, Rn. 62 f.). Diese Schutzwirkung entfaltet die Finanzverfassung auch im Verhältnis zum Bürger, der darauf vertrauen darf, nur in dem durch die Finanzverfassung vorgegebenen Rahmen belastet zu werden (vgl. BVerfGE 67, 256 <288 f.>; 108, 1 <16>; 108, 186 <215>; 123, 132 <141>; 132, 334 <349 Rn. 48>; BVerfG, Beschluss des Zweiten Senats vom 17. Januar 2017 - 2 BvL 2/14 -, juris, Rn. 63).

c)財政憲法は、秩序機能を超えて、限定機能も有する。憲法改正を伴わない立法の場合、当該立法の制限を超えることを禁止している機能である（出典）。財政憲法は当該保護機能を国民との関係でも有する。国民は、財政憲法の枠内のみに負担を掛けることが可能であることについて、信頼できる（出典）。

II.

61

Die Bestimmungen über das Finanzwesen in den Art. 104a ff. GG regeln unter anderem die Gesetzgebungs-, Ertrags- und Verwaltungskompetenz für das Finanzierungsmittel der Steuer.

憲法 104a 条以下の財政に関する規定は、予算確保手段としての租税に関して、立法管轄・収益権・行政管轄についての規制を含む。

62

1. a) Art. 105 GG begründet als spezielle finanzverfassungsrechtliche Norm die Gesetzgebungskompetenzen des Bundes und der Länder für den Bereich der Steuern (BVerfGE 108, 1 <13>; 108, 186 <212>; 113, 128 <145>; BVerfGK 15, 168 <173>). Innerhalb seines Anwendungsbereichs geht er den allgemeinen Sachgesetzgebungskompetenzen der Art. 70 ff. GG vor (vgl. BVerfGE 3, 407 <434 ff.>; 4, 7 <13>; 67, 256 <275 f.>; 105, 185 <193 f.>).

1. a)憲法 105 条は、財政憲法の規定として租税領域で連邦及び州の立法管轄の根拠となる（出典）。その規定の適用範囲内では、憲法 70 条以下の一般の立法管轄規定に優先している（出典）。

63

b) Art. 106 GG betrifft die vertikale Steuerertragsaufteilung im Verhältnis des Bundes zur Ländergesamtheit. Er weist die Erträge bestimmter Steuern entweder dem Bund (Art. 106 Abs. 1 GG), den Ländern (Art. 106 Abs. 2 GG) oder Bund und Ländern gemeinschaftlich (Art. 106 Abs. 3 GG) zu (BVerfGE 72, 330 <383 f.>). Die finanzverfassungsrechtliche Ertragshoheit und die Gesetzgebungszuständigkeit für Steuern sind mithin jeweils gesondert geregelt und folgen anderen Grundsätzen, als dies für nichtsteuerliche Abgaben im Bereich der allgemeinen Sachgesetzgebungskompetenzen der Art. 70 ff. GG der Fall ist.

b）憲法 106 条は、連邦と州の全体の間の垂直税収配布を規定している。一定の租税の収益を連邦のものにし（憲法 106 条 1 項）、一定の租税の収益を州のものにし（憲法 106 条 2 項）、残りは連邦及び州の両方のものにしている（憲法 106 条 3 項）（出典）。すなわち、財政憲法上の収益配布および租税に関する立法管轄についてはそれぞれ特別な規定がある。憲法 70 条以下の一般立法管轄における租税でない賦課金に関する原則と異なる原則に従っている。

64

2. Die einzelnen Steuern und Steuerarten der Art. 105 und Art. 106 GG sind Typusbegriffe (a)). Ihre typusbildenden Unterscheidungsmerkmale sind dem traditionellen deutschen Steuerrecht zu entnehmen (b)). Neue Steuern sind daraufhin abzugleichen, ob sie dem Typus einer herkömmlichen Steuer entsprechen (c)). Innerhalb der durch Art. 105 und Art. 106 GG vorgegebenen Typusbegriffe verfügt der Gesetzgeber über eine weitgehende Gestaltungsfreiheit (d)).

2. 憲法 105 条及び 106 条の個々の租税または税種は類型概念である（a））。その類型を構成する区別基準は、ドイツの伝統的租税法から導くべきである（b））。新しい租税は、従来の租税の類型に相当しているか否かで検討すべきである（c））。憲法 105 条及び 106 条が規定している類型概念の枠内では、立法者には幅広い形成の自由が認められる（d））。

65

a) Für die in Art. 105 und Art. 106 GG aufgeführten Steuern und Steuerarten verwendet das Grundgesetz Typusbegriffe. Zur Feststellung der Merkmale, die den betreffenden Typus kennzeichnen, ist auf den jeweiligen Normal- oder Durchschnittsfall abzustellen; Merkmale, die sich als bloße Einzelfallerscheinungen darstellen, sind bei der Typusbildung auszuscheiden. Es ist zudem nicht erforderlich, dass stets sämtliche den

Typus kennzeichnende Merkmale vorliegen. Diese können vielmehr in unterschiedlichem Maße und verschiedener Intensität gegeben sein; je für sich genommen haben sie nur die Bedeutung von Anzeichen oder Indizien. Maßgeblich ist das durch eine wertende Betrachtung gewonnene Gesamtbild (BVerfG, Beschluss der 2. Kammer des Ersten Senats vom 20. Mai 1996 - 1 BvR 21/96 -, juris, Rn. 7 [für einfachgesetzliche Typusbegriffe]; ähnlich Wank, Die juristische Begriffsbildung, 1985, S. 123 ff.; Strahl, Die typisierende Betrachtungsweise im Steuerrecht, 1996, S. 216 ff.; Jacobi, Methodenlehre der Normwirkung, 2008, S. 45; Wernsmann, NVwZ 2011, S. 1367 <1368>).

a) 憲法 105 条及び 106 条で列挙されている租税および税種について、憲法は類型概念を使用している。当該類型の特徴となる要素を確認するために、個々の通常事例・平均事例を基準とするべきである。個別事例にしかでない要素は、類型化の際に排除すべきである。更に、類型の特徴の要素が常に全て備えていることが必要でない。これらの要素は異なる程度で備えている可能性がある。個々の要素それ自体は、兆候か状況証拠に過ぎない。評価する検討による総括判断が基準となる（出典）。

66

b) Bei den Einzelsteuerbegriffen der Art. 105 und Art. 106 GG kommt es für die Typusbildung auf die Sicht des traditionellen deutschen Steuerrechts an (BVerfGE 7, 244 <252>; 14, 76 <91>; 26, 302 <309>; 31, 314 <332>; 110, 274 <296>; 123, 1 <16>; vgl. auch BVerfGE 16, 306 <317>). Es sind diejenigen Merkmale zu ermitteln, die eine Steuer oder Steuerart nach dem herkömmlichen Verständnis typischerweise aufweist und - mit Blick auf die abgrenzende Funktion der Einzelsteuerbegriffe - zu ihrer Unterscheidung von anderen Steuern oder Steuerarten notwendig sind (vgl. zu letzterem Förster, Die Verbrauchsteuern, 1989, S. 22).

b) 憲法 105 条・106 条の個別租税概念の場合、ドイツの伝統的租税法における類型が基準となる（出典）。従来の理解である租税または税種が有する要素を確認すべきである。これらの要素は、個別租税概念の区別機能からして他の租税または税種の区別のために必要である（出典）。

67

c) Neue Steuern sind auf ihre Kongruenz mit den aus hergebrachter

Sicht typusprägenden Merkmalen der Einzelsteuerbegriffe der Art. 105 und Art. 106 GG zu prüfen. Entsprechen sie nicht allen Typusmerkmalen einer Einzelsteuer, sind Bedeutung und Gewicht der einzelnen Merkmale sowie der Grad an Abweichung zu bestimmen und danach in eine Gesamtwertung einzubeziehen; auf dieser Grundlage ist zu entscheiden, ob im Ergebnis eine Übereinstimmung mit dem Typus anzunehmen ist.

c）新しい租税は、従来の考え方に基づいて類型の要素となる憲法 105 条・106 条の個別租税概念と矛盾するか否かについて検討されなければならない。ある個別租税の全ての類型要素と合致しない場合、個々の要素の重要性およびその要素から離れる程度を確認した上に、総括評価を行うべきである。その総括評価を根拠に、結果として当該類型と一致するか否かについて判断しなければならない。

68

d) Innerhalb der durch Art. 105 und Art. 106 GG vorgegebenen Typusbegriffe steht es dem Gesetzgeber offen, neue Steuern zu „erfinden" und bestehende Steuergesetze zu verändern (BVerfGE 31, 8 <19>; vgl. auch BVerfGE 27, 375 <383>). Änderungen bestehender Steuergesetze oder die Erschließung neuer Steuerquellen sind unter dem Blickpunkt der Zuständigkeitsverteilung zumindest so lange nicht zu beanstanden, wie sie sich im Rahmen der herkömmlichen Merkmale der jeweiligen Steuern halten (vgl. BVerfG 31, 8 <19>).

d）憲法 105 条・106 条で規定されている類型概念の範囲内では、立法者は新しい租税を「発明」できる。または既存の租税立法に変更を加えることもできる（出典）。既存の租税法の改正または新たな税収を開拓することは、当該租税の従来の要素の範囲内である限り、憲法上問題ない（出典）。

III.

69

Die Zuweisung von Gesetzgebungskompetenzen an Bund und Länder durch Art. 105 GG in Verbindung mit Art. 106 GG ist abschließend. Außerhalb der durch die Finanzverfassung in Art. 104a ff. GG vorgegebenen Kompetenzordnung besteht keine Befugnis von Bund oder Ländern, Steuergesetze zu erlassen.

憲法 105 条・106 条による連邦及び州への立法管轄指定は完結されている。憲法104a条以下で指定されている管轄秩序の範囲外、連邦も州も租税法を制定できない。

Der Bund hat gemäß Art. 105 Abs. 2 1. Halbsatz GG - über die
ausschließliche Gesetzgebungskompetenz für die in Art. 105 Abs. 1 GG
genannten Zölle und Finanzmonopole hinaus - die konkurrierende
Gesetzgebungskompetenz für die „übrigen Steuern", wenn ihm das
Aufkommen dieser Steuern ganz oder zum Teil zusteht oder die
Voraussetzungen des Art. 72 Abs. 2 GG vorliegen.

連邦は憲法 105 条 2 項第 1 文（初め）により、憲法 105 条 1 項が定める関
税・国家独占について規定する場合以外に、「その他の租税」について、当該
租税の収益が部分的または完全に連邦の属している場合、または憲法 72 条
2 項の要件が備えている場合に、立法管轄を有する。

Unter den „übrigen Steuern" sind ausschließlich die in Art. 106 GG
aufgeführten Steuern und Steuerarten zu verstehen. Der einfache
Gesetzgeber darf nur solche Steuern einführen, deren Ertrag durch Art.
106 GG dem Bund, den Ländern oder Bund und Ländern
gemeinschaftlich zugewiesen wird (vgl. FG München, Beschluss vom 4.
Oktober 2011 - 14 V 2155/11 -, juris, Rn. 45, 52; Birk/Förster, DB Beilage
Nr. 17 zum Heft 30 1985, S. 1 <10>; Ossenbühl/Di Fabio, StuW 1988, S.
349 <351 f.>; Förster, Die Verbrauchsteuern, 1989, S. 39; Vogel, in:
Festschrift für Klaus Tipke, 1995, S. 93 <94 f.>; Jobs, Steuern auf
Energie als Element einer ökologischen Steuerreform, 1999, S. 167;
Vogel, in: Isensee/Kirchhof, HStR IV, 2. Aufl. 1999, § 87 Rn. 32;
Vogel/Walter, in: Bonner Kommentar, Bd. 14, Art. 105 Rn. 66 [2004];
Müller-Franken, in: Berliner Kommentar, Art. 105 Rn. 206 [2008]; Kyrill-A.
Schwarz, in: v. Mangoldt/Klein/Starck, GG, Bd. 3, 6. Aufl. 2010, Art. 106
Rn. 17; Waldhoff/von Aswege, Kernenergie als „goldene Brücke"?, 2010,
S. 11 f.; Martini, ZUR 2012, S. 219 <225 f.>; Waldhoff, ZfZ 2012, S. 57
<59>; Wernsmann, ZfZ 2012, S. 29 <30>; Eiling, Verfassungs- und
europarechtliche Vorgaben an die Einführung neuer Verbrauchsteuern,
2014, S. 67; Gärditz, ZfZ 2014, S. 18 <19>; Kloepfer,
Finanzverfassungsrecht, 2014, S. 137; Pieroth, in: Jarass/Pieroth, GG,
14. Aufl. 2016, Art. 106 Rn. 2; a.A. Brodersen, in: Festschrift für Gerhard
Wacke, 1972, S. 103 <113 ff.>; Osterloh, NVwZ 1991, S. 823 <828>;
Wieland, Die Konzessionsabgaben, 1991, S. 290; Häde,
Finanzausgleich, 1996, S. 163 ff.; Söhn, in: Festschrift für Klaus Stern,
1997, S. 587 <599 ff.>; Jarass, Nichtsteuerliche Abgaben und lenkende

Steuern unter dem Grundgesetz, 1999, S. 17 ff.; Heun, in: Dreier, GG, 2000, Art. 105 Rn. 33, Art. 106 Rn. 14; Wendt, in: Isensee/Kirchhof, HStR VI, 3. Aufl. 2008, § 139 Rn. 29 ff.; van Heek, in: van Heek/Lehmann, Die Kernbrennstoffsteuer als „Verbrauchsteuer"?, 2012, S. 34; Schmidt, StuW 2015, S. 171 <174 f.>). Ein freies Steuererfindungsrecht gewährt ihm Art. 105 Abs. 2 GG nicht, ungeachtet des Umstandes, dass die Norm kein ausdrückliches Verbot der Steuererfindung enthält (vgl. hierzu Osterloh, NVwZ 1991, S. 823 <828>; Möckel, Umweltabgaben zur Ökologisierung der Landwirtschaft, 2006, S. 221). Die Entstehungsgeschichte von Art. 105 Abs. 2 GG ist insoweit zwar ambivalent (1.). Für diese Auslegung sprechen jedoch systematische (2.) und teleologische (3.) Erwägungen.

「その他の租税」は、憲法 106 条で列挙されている租税及び税種に限る。憲法改正を伴うことない立法により、憲法 106 条がその収益を完全に連邦に属させ、または連邦と州の共通収益と指定している租税のみ導入することができる（出典）。憲法 105 条は、立法者の自由な租税発明権を与えていない。確かに、この規定は明白に租税発明を禁止しているものではない。また、憲法 105 条 2 項の立法史はその点についても、明確でない（下記1．）。しかし、この解釈の理由として体系的理由（下記2．）および目的的な理由（下記3．）がある。

72

1. Die Geschichte des Finanzreformgesetzes vom 12. Mai 1969 (BGBl I S. 359), das Grundlage für die heutige Finanzverfassung ist, lässt jedenfalls keinen zwingenden Schluss auf das Bestehen eines allgemeinen Steuererfindungsrechts zu (so aber Meyer, DÖV 1969, S. 261 <262>; Bach, StuW 1995, S. 264 <271>; Söhn, in: Festschrift für Klaus Stern, 1997, S. 587 <599>; van Heek, in: van Heek/Lehmann, Die Kernbrennstoffsteuer als „Verbrauchsteuer"?, 2012, S. 30 f.).

1.1969 年 5 月 12 日の財政改正法は現在の財政憲法の根拠である。この立法の制定史は、一般的租税発明権が存在する否定できない理由にならない（出典）。

73

a) Wesentliches Ziel des Finanzreformgesetzes vom 12. Mai 1969 war es, „ein möglichst dauerhaftes und überschaubar gestaltetes System zu schaffen, das eine Anpassung an den sich ändernden Mittelbedarf der einzelnen Ebenen gewährleistet und so angelegt ist, dass unnötige

Auseinandersetzungen zwischen Bund und Ländern vermieden werden" (BTDrucks V/2861, S. 11 f. <Ziff. 12>). Es wurden tiefgreifende Änderungen der Finanzverfassung umgesetzt, die unter anderem die Regelung der Gesetzgebungszuständigkeit durch Art. 105 Abs. 2 GG a.F. (1955) betrafen. Das Bundesverfassungsgericht (BVerfGE 14, 76 <90 f.>; 16, 64 <78 f.>) hatte Art. 105 Abs. 2 GG a.F. (1955) noch eine sehr weitgehende Gesetzgebungskompetenz der Länder entnommen. Art. 105 Abs. 2 GG in seiner neuen Fassung sollte dem Bund nunmehr eine weitgehende konkurrierende Gesetzgebungskompetenz sicherstellen (BTDrucks V/2861, S. 32 <Ziff. 127, 128 f.>). Dem Gesetzentwurf ist zu entnehmen, „dass der Bund für alle Steuern, für die er nicht die ausschließliche Gesetzgebung hat, die konkurrierende Gesetzgebung erhält, ́wenn ihm das Aufkommen dieser Steuern ganz oder zum Teil zusteht oder die Voraussetzungen des Art. 72 Abs. 2 GG vorliegen ́" (BTDrucks V/2861, S. 32 <Ziff. 128>).

a) 1969 年 5 月 12 日の財政改正法の重大な目的は、「できるだけ継続的で可視化な制度を整備し、当該制度は、諸段階で変わる予算の必要性への対応を確保し、当該制度により連邦と州の間の不要な紛争が回避される」ところにあった（出典）。財政憲法の重大な改正が実施された。その中に、旧憲法 105 条 2 項による立法管轄の規制を課題とした。連邦憲法裁判所の判例（出典）は、旧 105 条 2 項から州の幅広い立法権限を導いた。新憲法 105 条 2 項は、これから連邦に幅広い補完的立法管轄を認めることを目的とした。法案をみると、「連邦が排他的立法管轄を有しない全ての租税について、当該租税の収入が完全にまたは一部連邦に属している限り、立法管轄を有する」ということになっていた（出典）。

74

Soweit der Gesetzentwurf ein Steuererfindungsrecht der Länder erwähnt, in das der Bund - sollte es die Herstellung gleichwertiger Lebensverhältnisse im Bundesgebiet oder die Wahrung der Rechts- und Wirtschaftseinheit erforderlich machen - eintreten könne (vgl. BTDrucks V/2861, S. 32 f. <Ziff. 128 und 131>), deutet dies nur auf den ersten Blick darauf hin, dass der verfassungsändernde Gesetzgeber von einem finanzverfassungsrechtlich nicht begrenzten Steuererfindungsrecht der Länder ausging, in das der Bund unter den Voraussetzungen des Art. 72 Abs. 2 GG eintreten kann (vgl. BTDrucks V/2861, S. 94):

法案は州の租税発明権を話題にしている。連邦が当該租税発明権を連邦領域の平等な生活環境を確保するためまは法律・経済の統一を維持するた

めに、当該租税発明権を行使できる、と述べている（出典）。この点は、一見し
て、憲法改正立法者が州の租税発明権を認め、連邦が憲法 72 条 2 項の要
件が備えている限り、この租税発明権を行使できる、との示唆を与えている
（出典）。

> Durch die von der Bundesregierung
> vorgeschlagene Fassung des Artikels 105
> Abs. 2 GG wird das Steuererfindungsrecht
> der Länder nicht beseitigt. Der Bund kann
> jedoch, wenn eine von den Ländern
> erfundene Steuer wegen der Einheitlichkeit
> der Lebensverhältnisse notwendigerweise
> bundeseinheitlich geregelt werden muss, das
> konkurrierende Gesetzgebungsrecht
> wahrnehmen. [...]

> 「連邦政府が提案した憲法 105 条 2 項の文言
> は、州の租税発明権を廃止しない。しかし、連邦
> は、州が発明した租税について生活環境の平等
> で連邦統一の規制が必要がある場合、補完的
> 立法管轄を行使することができる。」

75

b) Denn eine solche Blickverengung allein auf die intendierte
umfassende Bundeszuständigkeit und einzelne Ausschnitte und
Begrifflichkeiten der Gesetzesbegründung gäbe das Gesamtbild nur
unvollständig wieder.

b）しかし、このように包括的な連邦管轄の目的および法案理由の一部の破
片および概念のみに検討を狭くする場合、全体を不完全にしか把握できない。

76

aa) Es lässt sich bereits nicht feststellen, ob der damalige
(verfassungsändernde) Gesetzgeber den Begriff des
„Steuererfindungsrechts" überhaupt im Sinne eines über die in Art. 106
GG aufgeführten Steuern und Steuerarten hinausgehenden
Steuererfindungsrechts verstanden hat und er nicht lediglich auf die
Möglichkeit der Erschließung neuer Steuerquellen und die Änderung
bestehender Steuergesetze innerhalb der jeweiligen Typusbegriffe des
Art. 106 GG verweisen wollte (vgl. etwa Hidien, in: Bonner Kommentar,

GG, Art. 106 Rn. 1363 [November 2002]). Eine Definition des „Steuererfindungsrechts" oder sonstige Hinweise, was mit dem Begriff im Einzelnen gemeint sein sollte, enthält die Gesetzesbegründung jedenfalls nicht. Auch in späteren Jahren ist im (einfachen) Gesetzgebungsverfahren der Begriff des „Steuererfindungsrechts" typusbezogen verwendet worden, so etwa im Bericht des Finanzausschusses zum Entwurf des Mineralöl- und Branntweinsteuer-Änderungsgesetzes 1981 (vgl. BTDrucks 9/167, S. 6; ähnliche Begriffsverwendung in der Rechtsprechung, vgl. etwa BVerwGE 143, 301 <309 f. Rn. 25>).

既に「租税発明権」の概念について当時の憲法改正立法者の理解が不明瞭である。憲法106条で列挙されている租税・税種を超える租税発明権として理解したのか、それとも単に憲法106条の類型概念の範囲内の新たな税源の開拓および既存租税法の改正として理解したのか、との点である（出典）最低限でも、法案の理由は「租税発明権」概念の定義も、当該概念をどのように理解すべきかについてのその他の示唆も、用意していない。その後にも、憲法改正を伴うことがない立法手続きで「租税発明権」概念は、類型概念を前提に利用されていた。例えば連邦議会の財政委員会の1981年石油税・酒税改正法の法案に関する報告では、その使い方が前提である（出典）。

77

bb) Zweifel daran, dass ein Steuererfindungsrecht außerhalb des Systems der Ertragsverteilung in Art. 106 GG gemeint war, ergeben sich weiter daraus, dass der Gesetzgeber für das Finanzverfassungsgesetz vom 23. Dezember 1955 (BGBl I S. 817) der Auffassung war, die verfassungspolitische Bedeutung, die das Grundgesetz der Verteilung der bundesstaatlichen Steuerertragshoheit beimesse, lasse es nicht zu, „die Zuteilung der Einnahmen aus künftigen Steuern der einfachen Bundesgesetzgebung zu überlassen" (vgl. BTDrucks II/480, S. 40 <Ziff. 43>; vgl. unten Rn. 84). In diesem Zusammenhang war mit Art. 106d GG eine - später im Vermittlungsausschuss nicht weiterverfolgte - Regelung für noch unverteilte künftige Steuern erwogen worden (vgl. BTDrucks II/480, S. 110 <Ziff. 164> und S. 229; ähnlich auch der Schriftliche Bericht des Ausschusses für Finanz- und Steuerfragen des Bundestages, BTDrucks II/960, S. 3). Bei der Annahme eines Steuererfindungsrechts hinsichtlich unverteilter Steuern wäre auf dieser Grundlage eine verfassungsrechtliche Zuweisung nicht nur naheliegend, sondern zwingend erforderlich gewesen. Eine Auseinandersetzung mit dieser Fragestellung enthält die Gesetzesbegründung des Finanzreformgesetzes vom 12. Mai 1969 (BGBl I S. 359) indes nicht.

bb）憲法 106 条の収益配分体制以外の租税発明権を意図したことに関する疑問は、以下の点からも生じる。1955 年 12 月 23 日の財政憲法法（出典）の立法者は以下のように考えた点からである。すなわち、憲法が連邦国家上の収益権限の配分に認める重要性からして、「将来の租税の収益の配分を、憲法改正を伴わない単なる連邦立法に委ねること」を許さない、との考えである。その関連で、後に協議委員会で見送りとなったが、憲法 106d条として配分が未定であった将来の租税に関する規定が議論されていた（出典）。配分未定について租税発明権を認める場合、この立場では憲法上の配分が適切だけではなく、絶対必要となる。しかし、1969 年 5 月 12 日の財政改正法の法案理由は、この観点について検討していない。

78

cc) Ohne eine solche verfassungsrechtliche Zuweisung widerspräche (vgl. Breuer, DVBl 1992, S. 485 <490>; Hidien, in: Bonner Kommentar, GG, Art. 106 Rn. 1363 [November 2002]) ein über die in Art. 106 GG genannten Steuern hinausgehendes Steuererfindungsrecht von Bund und Ländern überdies den in der Begründung ausdrücklich wiedergegebenen Zielen des Finanzreformgesetzes vom 12. Mai 1969 (BGBl I S. 359), ein dauerhaftes und überschaubar gestaltetes Steuerverteilungssystem zu schaffen, das entsprechend der finanziellen Bedeutung der Aufgaben und unter Vermeidung von Verteilungskonflikten das Verhältnis zwischen Steuerbedarf und Steuereinnahmen bei Bund und Ländern möglichst im Zustand des Gleichgewichts erhält (vgl. BTDrucks V/2861, S. 11 f. <Ziff. 12> und S. 33 <Ziff. 134>).

cc）名文による憲法上の収益配分なく（出典）の場合、憲法 106 条で列挙されている租税を超える連邦または州の租税発明権は、1969 年 5 月 12 日の金融改正法の法案理由で明白に述べた以下の目的と矛盾することになる。すなわち、継続的で理解可能な租税配分体制を設置し、諸課題の財政的需要に応じて収益に対する紛争を回避する形で、連邦および州の段階で必要予算および租税収益の間に均衡を保つ、という目的である（出典）。

79

Die Gesetzesmaterialien beinhalten keine Auflösung dieses „Norm- und

Zielkonflikt[es]" (Hidien, in: Bonner Kommentar, Bd. 15, Art. 106 Rn. 1363 [November 2002]) zwischen einer angestrebten umfassenden steuerlichen Gesetzgebungszuständigkeit des Bundes unter den Voraussetzungen des Art. 105 Abs. 2 2. Halbsatz GG und der Befriedungsfunktion der Finanzverfassung. In der Stellungnahme des Bundesrates (vgl. BTDrucks V/2861, S. 85 ff.) findet sich zwar noch Widerspruch gegen den neugefassten Art. 105 Abs. 2 GG, da „die Gesetzgebungsbefugnis der Länder auf dem Gebiet des Steuerrechts im Ergebnis beseitigt" (BTDrucks V/2861, S. 87) werde. Der Rechtsausschuss des Bundestages hat diese Bedenken jedoch - erneut ohne Problematisierung des aufgezeigten Konflikts - nicht aufgegriffen (BTDrucks V/3605, S. 8). In der Darlegung der Gründe für die Einberufung des Vermittlungsausschusses durch den Bundesrat (BTDrucks V/3826, S. 4 f.) finden sich weitere Bedenken gegen die Neufassung des Art. 105 Abs. 2 GG jedenfalls nicht mehr. Dementsprechend wurde Art. 105 Abs. 2 GG in der Fassung des Regierungsentwurfs unverändert in den Beschluss des Vermittlungsausschusses übernommen (BTDrucks V/3896, S. 4 [Anlage 1]). Angesichts dessen kann allein aus der Erwähnung eines „Steuererfindungsrechts" (BTDrucks V/2861, S. 33 und S. 94) für die Länder, das der Bund unter den Voraussetzungen des Art. 72 Abs. 2 GG für sich in Anspruch nehmen könne, nicht der Schluss gezogen werden, der verfassungsändernde Gesetzgeber sei von einem allgemeinen, über den finanzverfassungsrechtlichen Katalog der Steuertypen hinausgehenden Steuererfindungsrecht ausgegangen.

　ここで「規定及び目標の緊張感」が生じている（出典）。憲法 105 条 2 項後半の条件で成立する連邦の包括的立法権限と財政憲法の紛争回避機能の間の緊張感である。立法資料は、当該緊張感を解決していない。連邦参議院の意見（出典）では確かに憲法 105 条 2 項に対する異議があり、その理由として「105 条 2 項は結果として州の租税分野での立法権限を排除している」と述べている（出典）。しかし、連邦議会の法政委員会は、この疑問について先に説明した緊張感を検討することもなく、議論の対象にしなかった。連邦参議院が協議委員会を開くここをを要請した決議の理由（出典）では、憲法 105 条 2 項の改正に対する異議がなくなっている。従って、憲法 105 条 2 項は、政府案の文言のもまで、協議委員会の決議の内容となった（出典）。これらの状況を配慮すると、連邦も憲法 72 条の条件が備えた上に公使できる州の「租税発明権」が話題となった（出典）だけで、憲法改正立法者が財政憲法にある税種の列挙を超える租税発明権を認めた考えの理由とならない。

80

2. Systematische Gründe sprechen gegen ein solches Steuererfindungsrecht. Die Ertragshoheit für solche Steuern bliebe offen. Sie ist Art. 105 f. GG nicht zu entnehmen (a) und lässt sich auch nicht aus Art. 30 GG (b) herleiten.

　2. このような租税発明権を認めることは、体系的理由で適切でない。このような租税の収益配分は未定となる。収益配分は憲法 105 条以下から導くことができない（a）、また憲法 30 条からも生じない（b）。

81

a) Die Art. 105 f. GG schweigen über die Ertragshoheit für nicht in Art. 106 GG aufgeführte Steuerarten.

　a）憲法 105 条以下は、憲法 106 条で列挙されていない租税の収益配分について、規定していない。

82

aa) Die Lösung kann nicht darin liegen, nach Art einer „Näherungsmethodik" den „frei schwebenden" Ertrag derjenigen Steuer oder Steuerart im Sinne des Art. 106 GG zuzuordnen, der die erfundene Steuer am ähnlichsten ist (vgl. Fischer-Menshausen, DÖV 1956, S. 161 <164>). Diese Methode versagt immer dann, wenn sich eine „ähnliche" Steuer nicht finden lässt, weil sie im Katalog des Art. 106 GG nicht aufgeführt ist (so auch Fischer-Menshausen, DÖV 1956, S. 161 <164>), und führt letztlich zu einer unzulässigen Entgrenzung der Typusbegriffe.

　aa）一種の「近似方法」で「自由に浮く収益」を憲法 106 条の租税また税種の内に、発明された租税に最も近いものに属させる提案があるが（出典）、この考えは否定すべきである。この方法は、「近い」租税が憲法 106 条の列挙にない場合に常に失敗することになる（出典）。また、この考えでは、類型概念の限界機能をなくする不当な結果にもなる。

83

bb) Eine Ertragshoheit als Annex zur Gesetzgebungszuständigkeit aus Art. 105 Abs. 2 GG kommt ebenfalls nicht in Betracht (a.A. Osterloh, NVwZ 1991, S. 823 <828>; Söhn, in: Festschrift für Klaus Stern, 1997, S.

587 <600 f.>). Sie verbietet sich bereits deshalb, weil im Bereich der steuerlichen Finanzverfassung - anders als im Bereich der nichtsteuerlichen Abgaben - die Ertragshoheit gerade nicht generell der Gesetzgebungskompetenz folgt (Rn. 63).

bb）また、憲法 105 条 2 項の立法権限から収益配分の権利も同時に認める考え（出典）も否定すべきである。租税の財政憲法領域では、租税以外の賦課金の場合と異なり、収益配分は原則として立法権限に従っていない点から考えても、この考えを採用できない（上記欄外番号 63）。

84

cc) Es kann deshalb auch nicht Aufgabe des einfachen Gesetzgebers sein, den Steuerertrag zu verteilen; Art. 105 f. GG stellt die Ertragsverteilung nicht zur Disposition des Bundesgesetzgebers (Vogel, in: Isensee/Kirchhof, HStR IV, 2. Aufl. 1999, § 87 Rn. 32; Waldhoff/von Aswege, Kernenergie als „goldene Brücke"?, 2010, S. 11). Er ist vielmehr auf die Einführung solcher Steuern beschränkt, die unter den Katalog des Art. 106 GG subsumierbar sind (Starck, StuW 1974, S. 271 <276>). Er ist nur insoweit frei in der Neugestaltung des Steuersystems, als die Ertragshoheit, wie sie in der Verfassung vorgesehen ist, durch eine Erhebung von Steuern nicht verändert oder unterlaufen wird (vgl. Ossenbühl/Di Fabio, StuW 1988, S. 349 <351 f.>).

cc）そのために、憲法改正を伴わない通常立法の立法者は、税収を配分する権減を有することは認めることができない（出典）。逆に、通常立法者は、憲法 106 条の列挙に含まれる租税の導入以外は、できない（出典）。憲法が規定している税収配分が課税により変更・迂回されない範囲内のみ、立法者は租税制度に変更を加えることができる（出典）。

85

Andernfalls müsste jedenfalls sichergestellt sein, dass bei der Zuweisung des Ertrags einer neu erfundenen Steuer die Interessen der Länder gewahrt bleiben. Art. 105 f. GG sehen jedoch das Erfordernis einer Zustimmung des Bundesrates außerhalb des Anwendungsbereichs von Art. 105 Abs. 3 GG, das heißt gerade in den Fällen, in denen der Ertrag ausschließlich dem Bund zufließen soll, nicht vor (a.A. Fischer-Menshausen, in: Münch/Kunig, GG, Bd. 3, 3. Aufl. 1996, Art. 105 Rn. 27; ähnlich: Selmer, Steuerinterventionismus und Verfassungsrecht, 1972, S. 154 f.; Heun, in: Dreier, GG, Bd. 3, 2. Aufl. 2008, Art. 105 Rn. 44).

Dass es sich dabei um ein redaktionelles Versehen des Verfassungsgebers handelte, ist nicht ersichtlich. Die Beschränkung von Art. 105 Abs. 3 GG spricht vielmehr dafür, dass eine Zuweisung des Steuerertrags durch den einfachen Gesetzgeber in der Finanzverfassung nicht vorgesehen ist.

その考えを否定する場合、新たに発明された租税の税収を配分する際に、州の利益が保護されることを確保しなければならないことになる。しかし、憲法 105 条 3 項の範囲外、憲法 105 条以下は連邦参議院の承認を必要としない。すなわち、特に収益が完全に連邦に配分される場合以外、承認が不要となる（出典）。その点について、憲法制定者が校正上に間違った考えの理由は、なにもない。逆に憲法 105 条 3 項の制限は、憲法改正を伴わない通常立法の立法者が税収配分を規定できない考えの理由となる。

86

dd) Es bliebe deshalb nur der Weg einer Ergänzung des Art. 106 GG im Wege des verfassungsändernden Gesetzes (Maunz, in: Maunz/Dürig, GG, Art. 106 Rn. 20 [1978]; vgl. auch Förster, Die Verbrauchsteuern, 1989, S. 34; Müller-Franken, in: Berliner Kommentar, Art. 105 Rn. 206 [2008]; Seer, DStR 2012, S. 325 <330>), um die Ertragshoheit für „frei schwebende Steuererträge" (vgl. etwa: Kloepfer, Finanzverfassungsrecht, 2014, S. 137) einer (nachträglichen) Regelung zuzuführen. Dieser Verfassungsvorbehalt ist nicht etwa deshalb entbehrlich, weil der einfache Gesetzgeber bei allen Besteuerungsentscheidungen ohnehin darauf achten muss, dass das grundgesetzlich angelegte Verteilungssystem keinen Schaden nimmt (vgl. Jarass, Nichtsteuerliche Abgaben und lenkende Steuern unter dem Grundgesetz, 1999, S. 17). Denn es steht dem einfachen Gesetzgeber von vornherein nicht zu, den Katalog des Art. 105 und Art. 106 GG (mittelbar) zu erweitern, indem er den verfassungsändernden Gesetzgeber in die Situation bringt, im Anschluss an die einfachgesetzliche Einführung einer neuen Steuer die Verfassungslage entsprechend anpassen und die Ertragshoheit im Nachgang regeln zu müssen. Es bestünde überdies keine Pflicht des verfassungsändernden Gesetzgebers, auf die einfachgesetzliche Einführung solcher Steuern entsprechend zu reag ieren (so aber Tipke, Die Steuerrechtsordnung, Bd. 3, 1993, S. 1095; derselbe, BB 1994, S. 437 <442>), so dass nicht gewährleistet wäre, dass der „frei schwebende" Ertrag aus neuen Steuern dem Bund oder den Ländern im Nachhinein tatsächlich zugewiesen würde.

dd）従って、「自由に浮く」税収について規定することは、憲法 106 条の改正によってしかできない（出典）。確かに、立法者はすべての課税判断の際に、憲法上の税収配分に損害が生じないように配慮しなければならない。しかし、その観点から上記の憲法留保が不要となるわけではない。憲法改正を伴わない通常立法者は、最初から憲法 105 条・106 条の列挙を間接的に拡大する権減は、最初からない。憲法改正立法者が新たな租税が導入されたことにより、憲法規制をそれに合わせて改正して、収益に関する規制を整備しなければならない状況が発生することは、通常立法者の権限の範囲外である。また、憲法改正立法者が通常立法による当該租税の導入に反応する義務もない（出典）。そのため、「自由に浮く」新たな租税の税収が連邦または州に事後に実際に属させられることについて保障がないことになる。

87

b) Eine generelle Ertragshoheit der Länder für eine vom Bund erfundene Steuer aus Art. 30 GG herzuleiten, ist aus systematischen Erwägungen ebenfalls ausgeschlossen (so auch Stern, in: Das Staatsrecht der Bundesrepublik Deutschland, Bd. II, 1980, S. 1119; Förster, Die Verbrauchsteuern, 1989, S. 34 f.; Vogel/Walter, in: Bonner Kommentar, Art. 105 Rn. 66 [Juli 2004]; Waldhoff, VVDStRL, Bd. 66, 2006, S. 216 <243>; Eiling, Verfassungs- und europarechtliche Vorgaben an die Einführung neuer Verbrauchsteuern, 2014, S. 65 f.; Seiler in: Maunz/Dürig, GG, Art. 105 Rn. 123 [2015]; a.A.: Wieland, Die Konzessionsabgaben, 1991, S. 291 f.; Häde, Finanzausgleich, 1996, S. 164 f.; van Heek, in: van Heek/Lehmann, Die Kernbrennstoffsteuer als „Verbrauchsteuer"?, 2012, S. 33).

b）連邦が発明した租税について包括的に州の収益権限を憲法 30 条から導くことも、体系的な理由で不可能である（出典）。

88

aa) Art. 106 GG bestimmt für die dort aufgeführten Steuerarten nicht nur die Ertragshoheit des Bundes, sondern auch Ertragshoheiten der Länder und Gemeinden (vgl. Art. 106 Abs. 2, 3, 5, 5a, 6 GG). Diese Regelungen wären nicht erklärbar - sondern offenkundig überflüssig -, stünde den Ländern über Art. 30 GG der Ertrag sämtlicher Steuern ohnehin zu. Es hätte genügt, in Art. 106 GG - als Ausnahmefall von der generellen Länderertragshoheit - die Ertragshoheit des Bundes zu definieren (vgl. Vogel/Walter, in: Bonner Kommentar, Art. 105 Rn. 66 [Juli 2004]). Der ausdrücklichen Aufzählung der Länder- und Gemeindeerträge in Art. 106 GG kann deshalb nur die Bedeutung zukommen, die Anwendung des Art. 30 GG im Bereich der Ertragshoheit insgesamt auszuschließen (Vogel/Walter, in: Bonner Kommentar, Art. 105 Rn. 66 [Juli 2004]).

aa）憲法 106 条は、そこで列挙されている税種について、連邦の収益権限のみではなく、州および地方自治体の収益権限についても定めている。もし憲法 30 条に基づいて、州に全ての税の税収権限があれば、この規定の存在を説明できない。当該規定が明白に不要になる。この場合、憲法 106 条で原則としての州の収益権限の例外として連邦の収益権限を定めることで充分となる（出典）。そのため、憲法106 条に州及び地方自治体の収益権限を明白に列挙することは、収益権限の領域で憲法 30 条の適用を完全に排除することを意味している（出典）。

89

bb) Eine auf Basis des Art. 30 GG zugeordnete Steuer würde überdies in Konkurrenz zu den in den Art. 105 und 106 GG geregelten Steuern und deren Ertragsverteilung treten, ohne dass verlässliche Kriterien für eine Abgrenzung erkennbar wären. In Betracht käme allein eine (entsprechende) Anwendung des Gleichartigkeitsverbots aus dem Bereich der konkurrierenden Gesetzgebung (Art. 105 Abs. 2 i.V.m. Art. 72 Abs. 1 GG) und des Art. 105 Abs. 2a GG. Umfang und Voraussetzungen des Gleichartigkeitsverbots sind allerdings sowohl im Rahmen des Art. 105 Abs. 2 in Verbindung mit Art. 72 Abs. 1 GG als auch im Rahmen der - teilweise - eigenständigen Begriffsbestimmung in Art. 105 Abs. 2a GG umstritten. Das Gleichartigkeitsverbot ist zudem auf bereits existente Steuergesetze zugeschnitten. So nimmt Art. 72 Abs. 1 GG darauf Bezug, dass von einer Gesetzgebungszuständigkeit bereits Gebrauch gemacht worden ist, und Art. 105 Abs. 2a GG auf die Gleichartigkeit mit „geregelten" Steuern. Im vorliegenden Zusammenhang wäre aber - letztlich konturenlos - nicht nur zu geregelten, sondern auch zu innerhalb der jeweiligen Steuerarten lediglich regelbaren (aber noch nicht gesetzlich geregelten) Steuern abzugrenzen.

bb）憲法 30 条に基づいて税収を配分する場合の租税は、憲法 105 条・106 条で既定されている租税およびその税収の配分と重なることになり、明白な区別基準がないこのなる。区別基準として可能となるのは、以下のものだけであ

る。憲法 105 条 2 項・72 条 1 項に規定されている補完的立法の領域の同等
の禁止を（類推的に）適用するか、憲法 105 条2a項を類推的適用する可能性
しかない。しかし、同等の禁止の条件および範囲は、憲法 105 条 2 項・憲法
72 条 1 項の場面でも、部分的に独自である憲法 105 条2a項の場面でも、論
争の対象となっている。更に、同等の禁止は、既に存在する租税法を前提とし
ている。憲法 72 条 1 項は、立法管轄が既に行使されていることを条件として
いる。憲法 105 条2a項は、「規定された」租税との同等を基準としている。本
件で問題となる限り、規定された租税だけではなく、様々の税種の範囲内で規
定整備が可能である（しかし立法による規制が制定されていない）租税の区別
が必要となるが、その区別の明白な基準が存在しない。

90

c) Schließlich sprechen auch teleologische Gesichtspunkte gegen ein
allgemeines Steuererfindungsrecht des Bundes nach Art. 105 Abs. 2 GG.

c）更に、目的的観点も、憲法105条2項に基づく連邦の租税発明権を認め
ない理由となる。

91

aa) Dem geschlossenen System der Art. 105 f. GG zur Verteilung des
Steueraufkommens und des Ertrages der Finanzmonopole zwischen
Bund, Ländern und Gemeinden kommt eine zentrale Bedeutung zu (vgl.
BVerfGE 55, 274 <301 f.>; Vogel, in: Festschrift für Klaus Tipke, 1995, S.
93 <96>). Jede Unsicherheit bei der Zuordnung von Erträgen kann zu
erheblichen Verwerfungen innerhalb der Finanzverfassung führen, ihrer
Befriedungsfunktion (Rn. 58 f.) widersprechen und ihr Ziel, „unnötige
Auseinandersetzungen zwischen Bund und Ländern" zu vermeiden,
verfehlen (BTDrucks V/2861, S. 11 f. <Ziff. 12>; oben Rn. 73). So wäre
etwa jede „neue" Steuer, die an eine bestimmte betriebliche Tätigkeit
anknüpft (Stapperfend, in: Herrmann/Heuer/Raupach, EStG/KStG, § 4
EStG Rn. 980 [Juni 2016]), grundsätzlich geeignet, das Aufkommen
anderer in der Finanzverfassung ausdrücklich vorgesehener Steuern zu
schmälern, indem sie etwa bei der Ermittlung des zu versteuernden
Einkommens als Betriebsausgabe in Abzug gebracht werden kann.
Insoweit bestünde die Gefahr einer Verschiebung des
Steueraufkommens von den gemäß Art. 106 Abs. 3 in Verbindung mit
Art. 107 Abs. 1 GG Bund und Ländern gemeinsam zustehenden Steuern
(sog. Gemeinschaftsteuern) hin zu Bund oder Ländern ausschließlich

zustehenden Steuern (vgl. zu diesem Effekt etwa BRDrucks 687/1/10, S. 1 ff. und BRDrucks 687/2/10, S. 1 f.).

憲法105条以下の税収配分および独占収入の配分の完結された制度は、極めて重要である（出典）。収益の配分に関するすべての不明瞭性は、財政憲法の中の重大な支障の原因となりうる。紛争回避機能（上記欄外番号58・59参照）と矛盾し、「連邦と州の不要な紛争を回避する目的」を損なう可能性がある。例えば、全ての新しい「租税」が一定の企業加活動に負担をかける限り、原則として財政憲法で予定されている他の租税の税収を減らす効果が生じることになる。例えば、課税所得を算定する際に、所得獲得に必要な費用として控除されるからである。それにより、憲法106条3項・憲法107条1項に基づいてその収益が連邦と州の共同収益となる租税（いわゆる共同租税）から、連邦または州に専属的に収益権がある租税への移転の危険が生じる（出典）。

92

Eine Korrektur eventuell eintretender Ungleichgewichte durch eine Anpassung der jeweiligen Anteile am Umsatzsteueraufkommen gemäß Art. 106 Abs. 4 GG wäre keine angemessene Lösung (vgl. Köck, JZ 1991, S. 692 <696>). Statt auf einen verfassungsrechtlich gesicherten Finanzrahmen vertrauen zu können, würden Bund und Länder durch den Verweis auf eine Neuverhandlung des Umsatzsteueranteils von gegenseitigem Wohlwollen sowie den weiten und weniger verlässlichen Vorgaben des Art. 106 Abs. 4 GG abhängig (vgl. Köck, JZ 1991, S. 692 <696>).

不均衡が発生する場合に、憲法106条4項で定められている売上税の持分を調整することは、適切な解決にならない（出典）。憲法上で保障されている財政枠組みを信頼できるより、連邦および州は、売上税の持分について再度に交渉することで、相互の協力姿勢および憲法106条4項のより広くてより確定でない規定に依存することになる（出典）。

93

bb) Die Geschlossenheit und Ordnungsfunktion der Finanzverfassung sichert zudem das Vertrauen der Bürger darauf, nur in dem durch die Finanzverfassung vorgegebenen Rahmen belastet zu werden (vgl. Rn. 60). Art. 105 und Art. 106 GG kommt insoweit eine eigenständige individualschützende Funktion zu (Gärditz, ZfZ 2014, S. 18 <19>). Der

Schutz der Bürger vor einer unübersehbaren Vielzahl von Steuern ist ein originärer und eigenständiger Zweck der Kompetenznormen der Finanzverfassung, mit dem die Annahme eines Steuererfindungsrechts nicht in Einklang zu bringen wäre. Es könnten beliebig „neue" Steuern und Steuerarten eingeführt werden. Die steuerliche Art des Zugriffs auf die Ressourcen des Bürgers wäre damit weitgehend unbeschränkt; insbesondere die in der Finanzverfassung ausdrücklich genannten Steuern und Steuerarten würden ihrer begrenzenden Funktion (Rn. 60) entkleidet.

bb) 財政憲法の完結性および秩序機能は、同時に国民が財政憲法が定めている範囲内のみに負担をかけられる信頼を保障している（上記欄外番号 60 参照）。その限り、憲法 105 条・106 条には、独自な個人を保護する機能が認められる（出典）。国民を把握不能な無数の租税から保護することは、財政憲法の管轄規定の起源的で独自の目的である。その目的とは、租税発明権が両立しない。租税発明権を認める場合、制限なく「新しい」租税および税種を導入することが可能となる。この考えでは、国民の資源に租税が負担をかける方法は、ほとんど無制限となる。とりわけ、財政憲法が明白に列挙している租税および税種は、その限定的機能（欄外番号60）を失うことになる。

94

cc) Eines allgemeinen Steuererfindungsrechts des Bundes bedarf es auch nicht, damit er über ein Instrumentarium verfügt, um ein Steuererfindungsrecht der Länder entsprechend einzuhegen, weil bereits ein solches allgemeines Steuererfindungsrecht der Länder nicht gegeben ist (vgl. Förster, Die Verbrauchsteuern, 1989, S. 38 f.; Breuer, DVBl. 1992, S. 485 <490>; Höfling, StuW 1992, S. 242 <244>; Vogel, in: Festschrift für Klaus Tipke, 1995, S. 93 <96>; Müller-Franken, in: Berliner Kommentar, GG, Art. 105 Rn. 243 [2008]; Kyrill-A. Schwarz, in: v. Mangoldt/Klein/Starck, GG, 6. Aufl. 2010, Art. 106 Rn. 17; Heintzen, in: Münch/Kunig, GG, 6. Aufl. 2012, Art. 105 Rn. 46; Wernsmann, ZfZ 2012, S. 29 <30 [Fn. 10]>; Seer, in: Tipke/Lang, Steuerrecht, 22. Aufl. 2015, § 2 Rn. 4; Kloepfer, Finanzverfassungsrecht, 2014, § 4 Rn. 37; Siekmann, in: Sachs, GG, 7. Aufl. 2014, Art. 105 Rn. 50; Pieroth, in: Jarass/Pieroth, GG, 14. Aufl. 2016, Art. 106 Rn. 2).

cc）連邦の一般租税発明権が以下の観点からしても必要とはいえない。州の租税発明権を制限する目的のため、との観点である。州の一般租税発明権最初から成立しないからである（出典）。

(1) Das Bundesverfassungsgericht hat die Frage des Bestehens eines Steuererfindungsrechts der Länder bislang offen gelassen (vgl. BVerfGE 98, 83 <101>; insoweit ist der gelegentlich anzutreffende Verweis auf BVerfGE 49, 343 <354 f.> überholt), zumal die Gesetzgebungsgeschichte hier keine eindeutigen Hinweise enthält (vgl. Rn. 72). Auch bei durch die Länder erfundenen Steuern steht die Ertragsverteilung im Mittelpunkt.

（1）連邦憲法裁判所は、州に租税発明権が成立しているか否かの問題につ いて、今まで判断を控えた（出典）。この点について、立法制定史は明白な示 唆を含まないこともあるためである（欄外番号 72 参照）。州が租税を発明する 場合でも、収益の配分が中心的な問題となる。

(2) Eine generelle Ertragshoheit der Länder für durch sie erlassene Steuergesetze wird durch den Verfassungstext ausdrücklich widerlegt. Art. 105 Abs. 2 GG gibt dem Bund im Bereich der „übrigen Steuern" die konkurrierende Gesetzgebung, soweit ihm das Aufkommen dieser Steuern ganz oder zum Teil zusteht (1. Alternative) oder die Voraussetzungen des Art. 72 Abs. 2 GG gegeben sind (2. Alternative). Art. 72 Abs. 1 GG wiederum definiert die Länderzuständigkeiten im Bereich der konkurrierenden Gesetzgebung. Danach sind die Länder regelungsbefugt, solange und soweit der Bund von seiner Gesetzgebungszuständigkeit keinen Gebrauch gemacht hat. Somit folgt bereits aus dem Wortlaut, dass die Länder bei der Ausübung ihrer durch Art. 105 und 106 GG vorgesehenen Zuständigkeiten auch im Bereich derjenigen Steuern gesetzgebungsbefugt sind, für die dem Bund der Ertrag nach Art. 106 GG zusteht, solange und soweit der Bund seine Gesetzgebungszuständigkeit nicht ausgeübt hat. Es können also auch Ländergesetze zu einem Bundesertrag führen. Aus der Gesetzgebungskompetenz der Länder folgt daher nicht in jedem Fall auch ihre Ertragshoheit (vgl. Stern, in: Das Staatsrecht der Bundesrepublik Deutschland, Bd. II, 1980, S. 1114; Häde, Finanzausgleich, 1996, S. 167 ff.; Hidien, in: Bonner Kommentar, Art. 106 Rn. 1369 [November 2002]; Vogel/Walter, in: Bonner Kommentar, Art. 105 Rn. 77 [Juli 2004]; Heintzen, in: v. Münch/Kunig, GG, 6. Aufl. 2012, Art. 105 Rn. 48; Siekmann, in: Sachs, GG, 7. Aufl. 2014, Art. 105 Rn. 20). Soweit gegen ein solches Ergebnis Bedenken erhoben werden,

wird zumeist bereits ein Ausschluss der Gesetzgebungszuständigkeit der Länder erwogen, nicht jedoch eine Ertragszuweisung an diese (vgl. etwa Vogel/Walter, in: Bonner Kommentar, Art. 105 Rn. 77 [Juli 2004]; a.A. Heun, in: Dreier, GG, 2. Aufl. 2008, Art. 105 Rn. 34).

　州が発明する租税について収益権限を原則として有する考えは、憲法の文言で明白に否定されている。憲法 105 条 2 項は、連邦に「その他の租税」について、以下の場合に立法管轄を与えている。当該租税の収益は完全にまたは部分的に連邦に属している場合（第 1 の場合）、または憲法 72 条 2 項の条件が満たされている場合（第 2 場合）。憲法 72 条 1 項は、補完的立法分野における州の立法権限を定めている。この規定に従って、州は連邦が立法管轄を行使していない間に、または行使していない範囲内に立法管轄を有する。従って、文言からみても、以下の点が明らかである。すなわち、州が憲法 105 条・106 条の範囲内の権限行使の範囲内では、連邦に憲法 106 条に基づいて収益が属している租税の範囲においても、連邦が立法管轄を行使していない間に、またはその範囲内に、立法管轄を有することになる。従って、州の立法からも、連邦の収益が発生する可能性がある。従って、州の立法権限があるから、常に州の収益権限が生じるとは限らないことになる（出典）。この結論に異論がある学説の大半は、既に州の立法権限を排除しているものであり、州に収益を属させない（出典）。

97

(3) Die Begrenzungs- und Schutzfunktion der Finanzverfassung entfaltet ihre Wirkung auch in Bezug auf landesrechtliche Regelungen (vgl. BVerfGE 92, 91 <115 f.>). Ziel einer ausgewogenen Finanzverfassung ist es, einen unkontrollierten Steuerwettbewerb zwischen den Ländern zu verhindern, den die Einräumung eines Steuererfindungsrechts befördern würde. Gerade finanzschwache Länder könnten dadurch noch weiter ins Hintertreffen geraten. Zudem ließe sich ein Steuererfindungsrecht der Länder auch durch die konkurrierende Gesetzgebungsbefugnis des Bundes gemäß Art. 105 Abs. 2 2. Halbsatz 2. Alternative in Verbindung mit Art. 72 Abs. 2 GG nicht begrenzen.

　（3）財政憲法の限定・保護機能は、州立法に関しても、効用する（出典）。均衡のある財政憲法の目的は、州の間の無制限の租税競争を阻止することにある。租税発明権を認めることは、このような無制限競争を促進することになる。財政実力がない州は、それにより更に不利になる可能性がある。さらに、

州の租税発明権を認める場合、それを連邦の憲法 105 条 2 項第 2 文第 2 場合・憲法 72 条に基づく補完的立法管轄によっても、制限できないことになる。

dd) Die durch die Befürworter eines über die in Art. 105 und Art. 106 GG genannten Steuern und Steuerarten hinausgehenden Steuererfindungsrechts behauptete Gefahr einer „Versteinerung" der Finanzverfassung und ihres Regelungsgefüges (Bach, StuW 1995, S. 264 <271>; Häde, Finanzausgleich, 1996, S. 162 ff.; van Heek, in: van Heek/Lehmann, Die Kernbrennstoffsteuer als „Verbrauchsteuer"?, 2012, S. 31 f.) besteht nicht (vgl. etwa: Müller-Franken, in: Berliner Kommentar, Art. 105 Rn. 207 [2008]; Drüen, ZfZ 2012, S. 309 <311 f.>). Dem Gesetzgeber verbleibt im Rahmen der durch Art. 105 und Art. 106 GG vorgegebenen Steuern und Steuerarten eine sehr weitreichende Gestaltungsfreiheit (vgl. Rn. 68), von der er in der Vergangenheit häufiger Gebrauch gemacht hat. Dies lässt sich beispielhaft für die Verbrauchsteuer aufzeigen: Innerhalb ihres Typus wurden Salz, Tabak, verschiedene Alkoholika, Essig, Zucker, Leuchtmittel, Spielkarten, Zündwaren, verschiedene Energieerzeugnisse, Mineralwasser, Süßstoffe, Fette, Kaffee und Tee zum Gegenstand der Besteuerung gemacht. Folgerichtig hat die Frage, ob auch außerhalb der in Art. 106 GG genannten Steuern und Steuerarten ein Steuererfindungsrecht besteht, bislang in der Rechtsprechung des Bundesverfassungsgerichts keine hervorgehobene Rolle gespielt.

憲法 105 条・106 の租税・税種をこえる租税発明権を支持する者は、財政憲法およびその規制構成が「固定化」する危険を主張するが、その危険が生じていない。立法者には憲法 105 条・106 条の租税・税種の範囲内で幅広い形成の自由が残っている(欄外番号68)。立法者は、過去にその形成の自由を多く行使してきた。この点は、例示的に消費税について説明できる。その類型のなかで、塩・タバコ・酒類・酢・佐藤・照明道具・トランプ・発火道具・様々のエネルギー商品・ミネラルオーター・甘味料・油・コーヒー・お茶が課税対象とされた。そのため、憲法 106 条が列挙している租税・税種以外についても、租税発明権が認められるかの問題は、今までの連邦憲法裁判所の判例で多くに話題になっていない。

IV.

Die Kernbrennstoffsteuer ist eine Steuer im finanzverfassungsrechtlichen Sinne (1.). Sie entspricht aber nicht dem Typus einer Verbrauchsteuer im Sinne des Art. 106 Abs. 1 Nr. 2 GG (2.).

原発燃料税は、財政憲法上の租税に該当する（1．）。しかし、憲法 106 条 1 項 2 号における諸費税の類型には該当しない（2．）。

100

1. a) Steuern sind öffentliche Abgaben, die als Gemeinlast ohne individuelle Gegenleistung („voraussetzungslos") zur Deckung des allgemeinen Finanzbedarfs eines öffentlichen Gemeinwesens erhoben werden (vgl. BVerfGE 49, 343 <353>; 110, 274 <294>; 124, 235 <243>; 124, 348 <364>; 137, 1 <17 Rn. 41>).

1. a）租税とは、公の賦課金で、共同負担として個別的な反対給付なく（「無条件に」）公共の予算を確保するために徴収されるものである（出典）。

101

aa) Sie unterscheiden sich einerseits von den Vorzugslasten, namentlich von Gebühren und Beiträgen, die als Gegenleistung für staatliche Leistungen erbracht werden (vgl. BVerfGE 9, 291 <298>; 137, 1 <18 Rn. 43>). Gebühren und Beiträge werden erhoben, um einen Aufwand der öffentlichen Hand weiterzugeben oder um die Vorteile desjenigen, dem eine öffentliche Leistung gewährt wird, ganz oder teilweise abzuschöpfen (BVerfGE 93, 319 <343 ff.>). Dabei ist der Begriff der öffentlichen Leistung weit zu verstehen. Eine öffentliche Leistung liegt etwa bereits dann vor, wenn Einzelnen die Nutzung eines der Bewirtschaftung unterliegenden Gutes der Allgemeinheit eröffnet wird, weil hierdurch ein Sondervorteil gegenüber all denen vermittelt wird, die das betreffende Gut nicht oder nicht in gleichem Umfang nutzen dürfen (vgl. BVerfGE 93, 319 <345 f.>).

aa）その点では租税が優遇負担、とりわけ手数料及び会費と異なっている。これらは国家の給付の対価として支払われる（出典）。手数料および会費は、国家の費用を転嫁する、またはある者に公共の給付を与える際に、その利益を部分的にまたは完全に汲みあげることを目的としている（出典）。その際、「公共の給付」概念は、広く理解すべきである。ある個人に管理されている公共の財産の使用を認めている場合でも、成立する。この場合、当該財産を使用できな

い、または同等の範囲では使用できない他の全ての者と比べて特別優遇が成立するためである（出典）。

102

bb) Andererseits sind die Steuern von den Sonderabgaben abzugrenzen, denen ebenfalls keine unmittelbare Gegenleistung gegenüber steht. Die Sonderabgabe unterscheidet sich von der Steuer dadurch, dass sie die Abgabenschuldner über die gemeine Steuerpflicht hinaus mit Abgaben belastet, ihre Kompetenzgrundlage in einer Sachgesetzgebungszuständigkeit sucht und das Abgabeaufkommen einem Sonderfonds vorbehalten ist (BVerfGE 101, 141 <148>). Sonderabgaben sind vor diesem Hintergrund doppelt rechtfertigungsbedürftig, weil sie in Konkurrenz zur Steuer stehen und ihr Aufkommen nicht in den allgemeinen Haushalt fließt, sondern der Finanzierung besonderer Aufgaben dient (vgl. statt vieler Pieroth, in: Jarass/Pieroth, GG,14. Aufl. 2016, Art. 105 Rn. 9 m.w.N.).

bb）更に、租税は特別賦課金と区別する必要がある。その場合でも、直接反対給付がない。特別賦課金は、租税と以下の点で異なっている。賦課金債務者に対し一般租税義務以外に賦課金の負担をかけている点、その立法管轄が一定の問題領域に関する立法管轄を根拠としている点、賦課金の収益が特別基金に属している点である（出典）。そのため、特別賦課金は二重に正当化する必要がある。租税と競合する点、およびその収益が一般予算に流れることなく、特別課題の予算を確保するに貢献する点について、正当化が必要となる（出典）。

103

cc) Für die Qualifizierung einer Abgabe als Steuer oder nichtsteuerliche Abgabe ist die Ausgestaltung des betreffenden Gesetzes (vgl. BVerfGE 7, 244 <256>; 49, 343 <352 f.>; 92, 91 <114>; 137, 1 <17 Rn. 40>) maßgeblich. Die Einordnung der Abgabe richtet sich nicht nach ihrer gesetzlichen Bezeichnung, sondern nach ihrem tatbestandlich bestimmten, materiellen Gehalt (BVerfGE 108, 1 <13>; 108, 186 <212>; 110, 370 <384>; 113, 128 <145 f.>; 122, 316 <333>; 124, 348 <364>; 137, 1 <17 Rn. 40>). Einer Qualifikation als „Steuer" steht insbesondere nicht entgegen, dass das Gesetz nur einen eng begrenzten Kreis von Steuerpflichtigen betrifft (vgl. BFH, Urteil vom 8. März 1995 - II R 57/93 -, juris, Rn. 34).

cc）ある賦課金が租税か、租税以外の賦課金かを確認する際、当該立法の構成が基準となる。賦課金として評価するか否かは、立法上の名称を基準としない。構成要件として決定されている実体法上の内容を基準とする（出典）。当該賦課金を「租税」として把握することは、とりわけ、当該立法が極めて限定されている範囲の租税債務者しか対象としない事情は、「租税」としての評価を排除しない（出典）。

104

b) Nach diesen Maßstäben ist die Kernbrennstoffsteuer eine Steuer im finanzverfassungsrechtlichen Sinne, denn sie ist ohne individuelle Gegenleistung zur Deckung des allgemeinen Finanzbedarfs erhoben worden.

b）この基準では、原発燃料税は、財政憲法上の租税に該当する。個別反対給付なく一般予算確保目的で課されているものであるためである。

105

aa) Die Kernbrennstoffsteuer ist keine Sonderabgabe. Ausweislich der Gesetzesbegründung sollte das Aufkommen der Kernbrennstoffsteuer ohne Zweckbindung in den allgemeinen Haushalt fließen (BTDrucks 17/3054, S. 5) und dort zur Haushaltskonsolidierung verwendet werden (BTDrucks 17/3054, S. 1 und S. 5). In diesem Zusammenhang wurde berücksichtigt, dass der Haushalt auch durch die Kosten für den Weiterbetrieb und die Stilllegung der Schachtanlage Asse II belastet sei, die alleine der Bund zu tragen habe (BTDrucks 17/3054, S. 1 und S. 5).

aa）原発租税法は、特別賦課金に該当しない。法案の理由によると、原発燃料税の収益は、目的を限定することなく、一般予算に入る。そこで予算の安定化を図る目的で使用される（出典）。その際、Asse II 施設の継続経営・廃止の費用が予算に負担をかけている点、その費用について連邦が完全に責任を負う点が配慮されていた（出典）。

106

bb) Die Kernbrennstoffsteuer erfüllt auch nicht die Voraussetzungen einer Vorzugslast. Sie ist insbesondere nicht ausschließlich als ökonomische Kompensation für den von den Betreibern der Kernkraftwerke aus der Laufzeitverlängerung gezogenen Sondervorteil im Sinne einer „anlassbezogenen Konzessionsgebühr" aufzufassen.

bb)原発燃料税は、優遇負担の要件も満たしていない。とりわけ原発燃料税は、完全に原発運営者が原発運転期間の延長から生じる利益に対する反対給付として、「事情による許可手数料」として把握すべきではない。

107

(1) Eine derartige Verknüpfung mag der gesetzgeberische Hintergrund des Kernbrennstoffsteuergesetzes allerdings zunächst nahelegen. So sprach der Koalitionsvertrag (Wachstum. Bildung. Zusammenhalt. Koalitionsvertrag zwischen CDU, CSU und FDP, 17. Legislaturperiode, S. 29, abrufbar unter http://www.bmi.bund.de) in diesem Kontext von einem „Vorteilsausgleich". Zudem bestand in der Debatte über die Anträge einiger Abgeordneter zur Einführung einer „Brennelementesteuer" ein fraktionsübergreifender Konsens (vgl. PlenProt 17/55, S. 5602 [B] f., S. 5605 [B] f., S. 5607 [A], S. 5614 [B] f., S. 5616 [D], S. 5619 [B] f., S. 5620 [B]), dass Gewinne der Kernkraftwerkbetreiber besteuert werden sollten, die teilweise auf die Strompreissteigerungen aufgrund der Belastungen für CO2-emittierende Stromerzeuger, teilweise auf die Laufzeitverlängerung und teilweise auf Subventionen zurückgeführt wurden. Insbesondere der mit „Brennelementesteuer - Windfall Profits der Atomwirtschaft abschöpfen" überschriebene SPD-Antrag machte in seiner Begründung deutlich, dass Bemessungsgrundlage einer solchen „Brennelementesteuer" einerseits die Kosten des Bundes für die Stilllegung und den Rückbau kerntechnischer Anlagen einschließlich der Endlagerung radioaktiver Abfälle und andererseits die Mitnahmegewinne der Anlagenbetreiber infolge der Strompreiserhöhungen nach Einführung des CO2-Emissionshandels sein sollten (vgl. BTDrucks 17/2410, S. 1 und S. 3).

（1）確かに、原発燃料税法の立法背景からみて、このような連結は考えられる。例えば、キリスト教民主連盟・キリスト教社会連盟・自由民主党の連立政権基本合意は、この関連で「利益の調整」という言葉を利用した。更に、「原発燃料税を導入する点について、以下の連邦議会前内派の合意が成立していた。特に社会民主党の議会内派の「原発燃料税—原発産業の臨時利益を組み上げる」の表題の提案は、その理由で、以下の点を明確にした。当該租税の税率を定める基準として、一方、連邦が原発廃棄の費用と放射能廃棄物の最終保存の費用を負う点、原発運営者がCO_2排出権取引導入による電力単価増加から得た臨時利益が生じた点を挙げた（出典）。

108

(2) In der weiteren Entstehungsgeschichte des Kernbrennstoffsteuergesetzes findet sich der Gedanke einer Gewinnabschöpfung indes nicht wieder.（2）しかし、原発燃料税のその後の制定史では、利益の汲み上げの発想は、見当たらない。In der Begründung des Referentenentwurfs zur Zielsetzung und Notwendigkeit des Gesetzes erfolgte zwar noch ein Hinweis auf die Steigerung von Gewinnmargen der Kernkraftwerkbetreiber aufgrund des CO2-Emissionshandels (vgl. Referentenentwurf vom 3. August 2010, Anlage 5 des Schriftsatzes der Bundesregierung vom 13. Februar 2015, S. 8). 2010 年 8 月 3 日の草案の理由では、CO_2排出権取引導入によって原発経営者の利益率が増加した指摘が含まれていた（出典）。Dieser Passus ist in dem nachfolgenden Gesetzentwurf jedoch nicht mehr enthalten. Dort heißt es - wie zuvor auch im Referentenentwurf - lediglich, die Bundesregierung werde über alle Fragen einer zukünftigen Energieversorgung und damit auch über längere Laufzeiten der Kernkraftwerke im Rahmen der Erarbeitung eines zukünftigen Energiekonzepts entscheiden und dabei im Hinblick auf alle den Betrieb von Kernkraftwerken betreffenden Maßnahmen eine Gesamtbetrachtung durchführen sowie die Höhe der Steuer im Kontext aller Maßnahmen überprüfen (vgl. Schriftsatz der Bundesregierung vom 13. Februar 2015, S. 28 i.V.m. Anlage 6, S. 8).

しかし、この部分は後の法案には含まれていない。そこでは単に（以前の草案と同様）以下のように述べている。すなわち、連邦政府は将来のエネルギー供給について、そのために原発のより長い運転期間について、将来的なエネルギー計画を策定際に判断する予定である。その際、原発運転に関するすべての措置について総括的に評価し、本件租税の税額をすべての措置の関連で再検討する予定である（出典）。

(3) Das spricht gegen eine Koppelung der Kernbrennstoffsteuer an die durch die Laufzeitverlängerung beziehungsweise aufgrund der durch den CO2-Emissionshandel generierten (Mitnahme-)Gewinne. Statt dessen ist das Kernbrennstoffsteuergesetz als fiskalisches Instrument zur Haushaltssanierung zu begreifen, während die Mehreinnahmen aus der Abschöpfung von Zusatzgewinnen aus der Laufzeitverlängerung sowie ab dem Jahre 2013 die Mehreinnahmen aus der Versteigerung der Emissionszertifikate als Grundlage für die Finanzierung des Energie- und Klimafonds nach Maßgabe eines zuvor zwischen der Bundesrepublik

Deutschland und den Kernkraftwerkbetreibergesellschaften geschlossenen Förderfondsvertrags dienen sollten (vgl. die Begründung zum Entwurf des Gesetzes zur Errichtung eines Sondervermögens „Energie- und Klimafonds" [EKFG], BTDrucks 17/3053, S. 1; ferner BTDrucks 17/3405, S. 1). Somit war das energiebezogene Finanzkonzept der Bundesregierung sowohl auf Haushaltskonsolidierung durch das Kernbrennstoffsteuergesetz als auch auf „Sondergewinnabschöpfung" durch den Energie- und Klimafonds angelegt.

　この流れは、原発燃料税が運転期間延長およびCO$_2$排出権取引導入によって発生した臨時利益との連結を確認しない理由になる。原発燃料税法は逆に予算安定確保のための租税手段として把握すべきである。運転期間延長から生じる臨時利益の汲み上げ、2013 年からCO$_2$排出権競売から発生した追加収益は、ドイツ連邦共和国が原発運営者を相手に締結した促進基金に関する契約に基づいて、エネルギー・気候基金の予算を確保するに使用することになった（出典）。従って、連邦政府のエネルギー関連の予算計画は、原発燃料税による予算安定を目的としたと同時にエネルギー・気候基金による「臨時利益の汲み上げ」を目指したものである。

110

　(4) Die vertragliche Regelung in § 2 Abs. 2 des Förderfondsvertrags steht diesem Nebeneinander von Kernbrennstoffsteuer einerseits und Energie- und Klimafonds andererseits nicht entgegen. Danach sollte sich zwar die Vorausleistung auf den Förderbeitrag jährlich um denjenigen Betrag mindern, der das jährliche Aufkommen der Kernbrennstoffsteuer oder einer ähnlichen Steuer von 2,3 Milliarden Euro überstiegen hat. Entsprechendes gilt für die gesetzliche Regelung in § 4 Abs. 1 Nr. 1 und Nr. 2 EKFG in der Fassung vom 8. Dezember 2010, der zufolge das Sondervermögen unter anderem aus dem das jährliche Aufkommen von 2,3 Milliarden Euro der Kernbrennstoffsteuer übersteigenden Betrag finanziert werden sollte. Abgesehen davon, dass ein Steueraufkommen von 2,3 Milliarden Euro ohnehin zu keinem Zeitpunkt überschritten wurde, hob der Gesetzgeber im Hinblick darauf, dass aufgrund des von der Bundesregierung beschlossenen beschleunigten Ausstiegs aus der Kernenergie weitere Zahlungen aus dem Förderfondsvertrag an den Energie- und Klimafonds nicht zu erwarten waren, die auf das Kernbrennstoffsteuergesetz rekurrierenden Vorschriften des EKFG bereits ein halbes Jahr nach dessen Inkrafttreten wieder auf (vgl. Gesetz

zur Änderung des Gesetzes zur Errichtung eines Sondervermögens „Energie- und Klimafonds" - EKFG-ÄndG vom 29. Juli 2011, BGBl I S. 1702; Entwurf eines Gesetzes zur Änderung des Gesetzes zur Errichtung eines Sondervermögens „Energie- und Klimafonds", BTDrucks 17/6075 und der Bundesregierung, BTDrucks 17/6252 <neu>, sowie die diesbezügliche Beschlussempfehlung und den Bericht des Haushaltsausschusses, BTDrucks 17/6356). Somit ist es über den Energie- und Klimafonds zu keiner relevanten Koppelung zwischen Laufzeitverlängerung und Kernbrennstoffsteuer gekommen.

促進基金契約2条2項の約定は、原発燃料税一方とエネルギー・気候基金他方の制度を排除しない。確かに、促進基金の負担金の先払い金額は、原発燃料税またはは類似した租税の収益が年間23億ユーロを超えた分、減額されることになっていた。2010年12月8日のエネルギー・気候基金予算法4条1項1号・2号に、原発燃料法から生じる収益が23億ユーロを超える場合、その分が基金の予算になる、と定めている。この点についても、同様に判断すべきである。23億ユーロを超える租税収益が一度もなかった点を別にして、立法者は、連邦政府が原発廃止を加速することを決定したを受けて、促進基金契約に基づくエネルギー・気候基金への更なる支払いを期待できないため、原発燃料税に関連するエネルギー・気候基金予算法を、発効してから半年後に廃止した（出典）。そのため、エネルギー・気候基金のため、原発運転の延長と原発燃料税の間の配慮すべき連結が成立しなかった。

111

2. Die Kernbrennstoffsteuer entspricht nicht dem Typus der Verbrauchsteuer gemäß Art. 106 Abs. 1 Nr. 2 GG.

2. 原発燃料税は、憲法106条1項2号の消費税の類型に該当しない。

112

Der Begriff der Verbrauchsteuer wird im Grundgesetz nicht definiert (a)). Er ist als Typusbegriff weit zu verstehen (b)). Die Verbrauchsteuern sind von den Unternehmensteuern abzugrenzen, die nicht die Einkommensverwendung, sondern die Einkommenserzielung zum Ausgangspunkt nehmen (c)). Bei der Verbrauchsteuer handelt es sich im Regelfall um eine indirekte Steuer, die beim Hersteller erhoben wird und auf eine Abwälzung auf den (End-)Verbraucher angelegt ist (d)). Der Typusbegriff der Verbrauchsteuer erfordert zudem den Verbrauch eines Gutes des ständigen Bedarfs (e)). Ferner knüpfen Verbrauchsteuern regelmäßig an den Übergang des Verbrauchsgutes aus einem steuerlichen Nexus in den steuerlich nicht gebundenen allgemeinen Wirtschaftsverkehr an (f)). Nach diesen Maßstäben ist die Kernbrennstoffsteuer keine Verbrauchsteuer (g)).

　憲法は、消費税の概念を定義していない（a))。この概念は、類型概念として理解すべきである（b))。消費税は、企業税と区別すべきである。企業税は、所得の消費ではなく、所得の獲得を出発点としている（c))。消費税は通常の場合に間接的租税である。製造者で課税され、最終消費者に転嫁されることを前提としている（d))。消費税概念は更に通常需要の産品の消費を必要としている（e))。消費税はさらに、通常の場合に消費される産品が課税関係から課税対象外である一般経済に移転していることも必要としている（f))。これらの基準で検討する場合、原発燃料税は、消費税に該当しない。

113

　a) Das Grundgesetz enthält, ebenso wie die Reichsverfassungen von 1871 und 1919, aus denen der Typus der Verbrauchsteuer lediglich übernommen wurde, keine Definition der Verbrauchsteuer. Die Materialien des Parlamentarischen Rates von 1948/1949 geben gleichfalls keinen näheren Aufschluss darüber, was der Verfassungsgeber unter einer Verbrauchsteuer verstanden hat. Anhaltspunkte dafür gibt erstmals die Gesetzesbegründung des Finanzverfassungsgesetzes vom 23. Dezember 1955 (BGBl I S. 817). Dort findet sich folgende Begriffsbestimmung für die Verbrauchsteuer (BTDrucks II/480, S. 107 f. <Ziff. 160>), die in der späteren Rechtsprechung des Bundesverfassungsgerichts aufgegriffen wurde (vgl. BVerfGE 98, 106 <123 f.>): a)憲法は、消費税の概念継受された1871年および1919年の帝国憲法と同様に、消費税の定義を含まない。

　1948年・1949年の議会委員会の資料も、憲法制定者が消費税概念をどのように理解した点について、更なる示唆を与えていない。最初に示唆が出るのは、1955年12月23日の財政憲法改正法（出典）の法案理由のところである。そこに、消費税概念について、以下の定義が含まれている。当該定義は、後の連邦憲法裁判所の判例でも（出典）採用されてきた。

　　Die Kriterien dieses von der Gesetzgebung als gegeben vorausgesetzten Begriffs müssen den Merkmalen der Steuer[n]

71

entnommen werden, die seit jeher unter diesen Begriff subsumiert worden sind. Verbrauchsteuern sind danach Steuern, die den Verbrauch vertretbarer, regelmäßig zum baldigen Verzehr oder kurzfristigen Verbrauch bestimmter Güter des ständigen Bedarfs belasten und die auf Grund eines äußerlich erkennbaren Vorgangs (z. B. Übergang in den Wirtschaftsverkehr) von demjenigen als Steuerschuldner erhoben werden, in dessen Sphäre sich der Vorgang verwirklicht; die Steuer wird wirtschaftlich regelmäßig nicht vom Steuerschuldner, sondern im Wege der Überwälzung vom Endverbraucher getragen.

　立法が前提としているこの概念の要件は、従来から当該概念に該当するとされた租税の特徴から導くべきである。この考えでは、消費税は、常時使用するのための一定の種類債権の対象となる、通常は短期間で食べるまたは消費する日常需要の産品に負担をかける租税である。これらの租税は、外部的に確認できる過程（例えば取引対象にすること）によって、当該過程が成立する者に徴収するものである。当該租税は通常、租税債務者の負担とならない。転嫁により最終消費者の負担となる。

　Die Entscheidung, ob eine bestimmte Steuer den Verbrauchsteuern zuzurechnen ist, bleibt eine Frage der Auslegung. ある租税が消費税に該当するか否かの問題は、依然として、解釈問題である。Unter Art. 106a Nr. 2 fallen folgende Verbrauchsteuern:憲法106a 2号には、以下の消費税が該当する。

Tabaksteuer　タバコ税

Kaffeesteuer　コーヒー税

Teesteuer　お茶税

Zuckersteuer 佐藤税

Salzsteuer 塩税

Branntweinsteuer 酒類税

Mineralölsteuer 石油税

Kohlenabgabe 石炭賦課金

Schaumweinsteuer シャンパン税

Essigsäuresteuer 酢税

Zündwarensteuer 発火手段税

Leuchtmittelsteuer 照明具税

Spielkartensteuer トランプ税

Süßstoffsteuer 甘味料税

114

b) Die Typusbegriffe der Art. 105 und 106 GG - und damit auch der Typus der Verbrauchsteuer - sind weit zu interpretieren. Die restriktive Auslegung des Katalogs des Art. 106 GG und seiner Typusbegriffe birgt vor dem Hintergrund der Verneinung eines allgemeinen Steuererfindungsrechts die Gefahr einer Erstarrung der finanzverfassungsrechtlichen Kompetenzverteilung und ist deshalb mit einer hinreichend flexiblen Finanzverfassung nicht vereinbar (so bereits Förster, Die Verbrauchsteuern, 1989, S. 38 f.; Hartmann, DStZ 2012, S. 205 <206>; Waldhoff, ZfZ 2012, S. 57 <58 ff.>).

b)憲法105条・憲法106条の類型概念は広く解釈すべきである。そのため、消費税の類型概念も、広く解釈すべきである。憲法106条の列挙を制限的に解釈する場合、一般的な租税発明権を否定する前提では、財政憲法上の管轄配分の固定化の危険が生じる。その考えは、充分に柔軟な財政憲法とは両立しない（出典）。

115

c) Der Begriff der Verbrauchsteuer im Sinne des traditionellen deutschen Steuerrechts umfasst zwar nicht nur Steuern auf Güter des „letzten" Verbrauchs, das heißt die Belastung des Verbrauchs im privaten Haushalt, sondern betrifft auch den produktiven Bereich

(BVerfGE 110, 274 <296>).

c）伝統的ドイツ租税法の消費税概念は、確かに、「最終的」消費の財産だけに限定されているものではない。個人の家庭における消費への負担だけではなく、生産領域にも及び（出典）。

116

Die Verbrauchsteuern sind aber von den Unternehmensteuern abzugrenzen, die nicht die Einkommensverwendung durch den Erwerb von Waren, sondern die Einkommenserzielung zum Ausgangspunkt nehmen. Die Trennlinie ist demnach bei der Anknüpfung an den Gewinn der Unternehmer einerseits und der Einkommensverwendung der Endverbraucher andererseits zu ziehen (Hey, in: Tipke/Lang, Steuerrecht, 22. Aufl. 2015, § 7 Rn. 22): Eine Steuer, die gezielt auf den unternehmerischen Gewinn oder einen typisierend vermuteten unternehmerischen Gewinn zugreift anstatt auf die Einkommensverwendung, ist nicht als Verbrauchsteuer, sondern als Unternehmensteuer einzuordnen (vgl. Seer, in: Tipke/Lang, Steuerrecht, 22. Aufl. 2015, § 2 Rn. 47).

区別は、一方、経営者の利益を対象とするもの、他方、最終消費者の所得消費を対象とする ものの間にすべきである（出典）。経営者利益を目的とする租税、または類型として推定されている経営者利益を対象とする租税は、消費税ではなく企業税として把握すべきである（出典）。

117

aa) Diese Unterscheidung zwischen (privater) Einkommensverwendung und unternehmerischer Einkommenserzielung ist für das finanzverfassungsrechtliche „Verteilungsgefüge" (Martini, ZUR 2012, S. 219 <225>) von grundsätzlicher Bedeutung. aa）このように個人の所得消費と経営者の所得獲得の間に区別することは、財政憲法の「配分構成」のために根本的な意義を有する。Art. 106 GG verteilt unter anderem das Aufkommen der Verbrauchsteuern (Art. 106 Abs. 1 Nr. 2 GG), das ausschließlich dem Bund zugewiesen ist, während das Aufkommen bestimmter Steuern auf die Einkommen- beziehungsweise Gewinnerzielung Bund und Ländern gemeinsam zusteht (vgl. Art. 106 Abs. 3 S. 1 GG).

憲法106条は、その他の租税と同時に消費税の収益を配分している（憲法106条1項2号）。この収益は健全に連邦に指定されている。所得・利益の獲

74

得に関する一定の租税の収益は、連邦及び州に共同収益となる（憲法106
条3項1文）。

118

bb) Die Verbrauchsteuern stehen in Parallele zu den Aufwandsteuern
(FG Hamburg, Beschluss vom 29. Januar 2013 - 4 K 270/11 -, juris, Rn.
255; Lang, in: DStJG, Bd. 15 [1993], Umweltschutz im Abgaben- und
Steuerrecht, S. 115 <135>; Englisch, in: Festschrift für Paul Kirchhof, Bd.
2, 2013, § 190 Rn. 10; vgl. auch Schmölders, Zur Begriffsbestimmung
der Verbrauchsteuern, 1955, S. 26), die ebenfalls auf die in der
Einkommensverwendung für den persönlichen Lebensbedarf zum
Ausdruck kommende wirtschaftliche Leistungsfähigkeit abstellen; in der
Absicht der Besteuerung privater Einkommensverwendung liegt das
wesentliche Merkmal der Aufwandsteuern (BVerfGE 16, 64 <74>; 49,
343 <354>; 123, 1 <15>). Für die Aufwandsteuer hat das
Bundesverfassungsgericht bereits klargestellt, dass das Merkmal der
„Einkommensverwendung" in erster Linie zur Abgrenzung von den
Einkommensentstehungssteuern dient (BVerfGE 65, 325 <346 f.>; ferner
BVerfGE 49, 343 <356 f.>).

bb）消費税は出費税と似ている（出典）。出費税も個人の需要のために所得
を使用する点を経済的能力の基準としている。出費税の重大な要件は、個人
の所得使用を目的とする点にある（出典）。出費税については、連邦憲法裁判
所は既に、「所得使用」の要件が第一に所得獲得租税の区別のために必要で
ある点を確認した（出典）。

119

d) Verbrauchsteuern sind im Regelfall indirekte Steuern. Sie werden
zwar auf der Ebene des Verteilers oder Herstellers des
verbrauchsteuerbaren Gutes erhoben (vgl. nur BTDrucks II/480, S. 107 f.
<Ziff. 160>; BVerfGE 98, 106 <124>). Steuerschuldner und Steuerträger
- das heißt die (natürliche oder juristische) Person, die die Steuerlast im
wirtschaftlichen Ergebnis trägt - sind jedoch nicht identisch. Vielmehr ist
die Steuer auf eine Abwälzung auf den Endverbraucher angelegt, mit der
Folge, dass die Unternehmer als Steuerschuldner von der Steuerlast
wirtschaftlich ent- und die privaten Verbraucher als Steuerträger
wirtschaftlich belastet werden. Verbrauchsteuern sollen die in der
Einkommens- und Vermögensverwendung zu Tage tretende steuerliche
Leistungsfähigkeit des Endverbrauchers abschöpfen (BVerfGE 31, 8

75

<20>; 98, 106 <124>; 110, 274 <297 f.>; BFHE 141, 369 <375>;
Schmölders, Zur Begriffsbestimmung der Verbrauchsteuern, 1955, S. 83
f.; F. Kirchhof, Die steuerliche Doppelbelastung der Zigaretten, 1990, S.
31; Lang, in: DStJG, Bd. 15 [1993], Umweltschutz im Abgaben- und
Steuerrecht, S. 115 <134 ff.>; Arndt, Rechtsfragen einer deutschen CO^2-
Energiesteuer entwickelt am Beispiel des DIW-Vorschlages, 1995, S. 63
f.; Jatzke, Das System des deutschen Verbrauchsteuerrechts, 1997, S.
87; Herdegen/Schön, Ökologische Steuerreform, Verfassungsrecht und
Verkehrsgewerbe, 2000, S. 28 f.; Weber-Grellet, Steuern im modernen
Verfassungsstaat, 2001, S. 97; Waldhoff, in: Henneke/Pünder/Waldhoff,
Recht der Kommunalfinanzen, 2006, § 13 Rn. 2; P. Kirchhof, in:
Isensee/Kirchhof, HStR V, 3. Aufl. 2007, § 118 Rn. 247; Schaumburg, in:
Festschrift für Wolfgang Reiß, 2008, S. 25 <37 f.>; Jachmann, in: v.
Mangoldt/Klein/Starck, GG, Bd. 3, 6. Aufl. 2010, Art. 105 Rn. 56; Drüen,
ZfZ 2012, S. 309 <315>; Martini, ZUR 2012, S. 219 <222>; Desens, in:
Festschrift für Paul Kirchhof, Bd. 2, 2013, § 189 Rn. 21; Seer, in:
Tipke/Lang, Steuerrecht, 22. Aufl. 2015, § 2 Rn. 47).

　d)消費税は通常の場合、間接税である。消費税の対象となる産品の販売業
者または製造業者の段階で徴収される（出典）。租税債務所及び租税負担者
（すなわち、経済的に最終的に租税を負担する自然人または法人）が同一で
はない。むしろ、租税が最終消費者に転嫁されることを目的としている。その
ため、経営者が租税債務者だが、租税を負担しないで、個人消費者が租税を
負担することになる。消費税は、所得または財産を使用することによって明ら
かになる最終消費者の経済力を汲み上げることを目的としている（出典）。

120

　aa) Ob mit der (indirekten) Besteuerung die Einkommensverwendung
des Verbrauchers getroffen werden soll, beurteilt sich nach dem
Regelungsanliegen des Gesetzes. Die Motivation des Unternehmers ist
demgegenüber nicht entscheidend. Da er regelmäßig bestrebt sein wird,
sämtliche Steuern auf den Konsumenten abzuwälzen, kann sein Wille für
die Frage, ob der Typus einer Verbrauchsteuer gegeben ist, nicht
maßstabsbildend sein.

　aa)間接的課税により消費者の所得使用に負担をかける目的があるか否か
は、当該立法の規制目的を基準に判断する。経営者の動機、この点について
決定的でない。経営者は常に全ての租税負担を消費者に転嫁するように努め
ることになるため、経営者の意思が消費税の類型が該当するか否かについて、
基準となることはない。

bb) Ob dem Gesetz die „Idee" (BVerfGE 14, 76 <96>) oder das „Konzept" (BVerfGE 110, 274 <298>) einer Abwälzbarkeit der Steuer zugrunde liegt, ist nach der subjektiven Zielsetzung des Gesetzgebers, dem objektiven Regelungsgehalt des betreffenden Gesetzes und etwaigen flankierenden Maßnahmen zu beurteilen (vgl. BVerfGE 91, 186 <203>). Neben den Gesetzesmaterialien sind dabei alle objektiv feststellbaren Indizien in den Blick zu nehmen.

bb）当該立法の「発想」（出典）または「構造」（出典）として、租税の転嫁が前提となっているか否かは、立法者の主観的な目的、当該立法の客観的な規制内容およびそれがある場合に法律の連携措置を基準とすべきである（出典）。法律制定資料の外に、客観的に確認できるすべての状況証拠を配慮しなければならない。

cc) Ein Indiz dafür, dass die Steuer auf Abwälzbarkeit angelegt ist, kann insbesondere die nach den Umständen gegebene *tatsächliche* Abwälzbarkeit der Steuer sein. Dies bedeutet, dass für den steuerpflichtigen Unternehmer grundsätzlich die Möglichkeit besteht, den von ihm geschuldeten Steuerbetrag wirtschaftlich auf die Endverbraucher abzuwälzen.

cc）当該租税が転嫁を目的としているための状況証拠としては、*実際に*当該租税が転嫁される事情が考えられる。このことは、租税債務を負う経営者は原則として、支払うべき租税額を経済的に最終消費者に転嫁することができることを意味している。

(1) Die Abwälzbarkeit hat allerdings dann keine Indizwirkung, wenn sich ein gegenteiliger Wille des Gesetzgebers positiv feststellen lässt. Eine tatsächlich gegebene Abwälzbarkeit, die der Intention des Gesetzgebers widerspricht, ist ohne Belang (vgl. FG Hamburg, Vorlagebeschluss vom 29. Januar 2013 - 4 K 270/11 -, juris, Rn. 408 f.; Jobs, Steuern auf Energie als Element einer ökologischen Steuerreform, 1999, S. 216; Herdegen/Schön, Ökologische Steuerreform, Verfassungsrecht und Verkehrsgewerbe, 2000, S. 28 f.; Seer, DStJG 23 [2000], S. 87 <116>; Drüen, ZfZ 2012, S. 309 <319 f.>; Martini, ZUR

2012, S. 219 <224>; Seer, DStR 2012, S. 325 <332 f.>; Gärditz, ZfZ 2014, S. 18 <20 f.>).

（1）但し、転嫁可能性は、立法者の逆の意思が明白に確認できる場合には、状況証拠にならない。事実上に転嫁が可能であっても、立法者の意思に反している場合には、関係ないことになる（出典）。

124

(2) Andererseits ist nicht notwendig, dass die Möglichkeit einer Abwälzung in jedem Einzelfall besteht; auch eine rechtliche Gewähr dafür, dass dem Unternehmer eine Abwälzung tatsächlich gelingt, ist nicht erforderlich. Ausreichend ist eine kalkulatorische Abwälzbarkeit. Dies bedeutet, dass für den steuerpflichtigen Unternehmer generell die Möglichkeit besteht, den von ihm geschuldeten Steuerbetrag in die Kalkulation seiner Selbstkosten einzusetzen und hiernach die zur Aufrechterhaltung der Wirtschaftlichkeit seines Unternehmens geeigneten Maßnahmen - Preiserhöhung, Umsatzsteigerung oder Senkung der sonstigen Kosten - zu treffen (BVerfGE 31, 8 <20>; 110, 274 <295>; 123, 1 <35>).

反面、転嫁が全ての場面で可能であることが必要でない。また、経営者が転嫁に実際に成功するための法的保障も必要でない。従って、租税債務者である経営者は、原則として債務となる税額を自己費用の計算の一部とすることができる。その事情で企業の経済性を維持するために必要な措置を採ることができる（単価増、売り上げ増、その他の費用の削減）（出典）。

125

Wird das mit einer Verbrauchsteuer belastete Gut produktiv verwendet, ist der im Typus der Verbrauchsteuer angelegten Abwälzungsmöglichkeit bereits dann Genüge getan, wenn der zunächst belastete gewerbliche Verbraucher jedenfalls grundsätzlich nicht gehindert ist, die Verbrauchsteuerbelastung in den Preis für das von ihm hergestellte Produkt einzustellen und so seinerseits die Steuerlast als Preisbestandteil über eine oder mehrere Handelsstufen auf den privaten End- oder Letztverbraucher abzuwälzen. Dabei ist es unerheblich, ob die wirtschaftliche Abwälzung der Verbrauchsteuerlast für ihn tatsächlich realisierbar ist (BVerfGE 110, 274 <295 f.>). Die Voraussetzung einer kalkulatorischen Abwälzbarkeit ist zumindest so lange gegeben, wie der Umsatz nicht nur den Steuerbetrag und die sonstigen notwendigen

Unkosten deckt, sondern in der Regel sogar noch Gewinn abwirft (vgl. BVerfGE 31, 8 <20>).

　消費税の対象となる産品が生産に使用されている場合、消費税の類型が必要とする転嫁可能性については、以下の場合で既に充分である。一時的に負担を負う経営者としての消費者が原則として当該消費税負担を自分の産品の値段に組み入れることができる場合である。それにより、租税負担を値段の一部として一つまたは複数の販売段階を経由して、個人最終消費者に転嫁することができる。その際、消費税負担の転嫁が経済的にみて実現できるか否かの点は、関係ない（出典）。売上が租税額その他の費用に匹敵して、または通常は利益が出る限り、計算上の転嫁可能性の要件が満たされることになる（出典）。

126

(3) Allerdings kann der Einsatz eines besteuerten Gegenstandes selbst dann noch Gewinn abwerfen, wenn gerade die durch die Verbrauchsteuer begründeten Kostenpositionen nicht abgewälzt werden können. Das Merkmal der kalkulatorischen Abwälzbarkeit hat in diesem Fall nicht nur für den Typus einer Verbrauchsteuer Bedeutung, sondern ist auch auf materieller Ebene erheblich (vgl. BVerfGE 123, 1 <16 ff. und 35 ff.>; vgl. auch BVerfGE 135, 126 <142 Rn. 46>; BVerfGK 17, 44 <48 f.>; FG Hamburg, Vorlagebeschluss vom 29. Januar 2013 - 4 K 270/11 -, juris, Rn. 255; Lang, in: DStJG, Bd. 15 [1993], Umweltschutz im Abgaben- und Steuerrecht, S. 115 <137>; Martini, ZUR 2012, S. 219 <224>; Eiling, Verfassungs- und europarechtliche Vorgaben an die Einführung neuer Verbrauchsteuern, 2014, S. 85). Dort sichert es die Besteuerung nach dem Leistungsfähigkeitsprinzip im Einzelfall. Da Verbrauchsteuern an die Leistungsfähigkeit der wirtschaftlich hiervon betroffenen Konsumenten und nicht an die des rechtlichen Steuerschuldners anknüpfen sollen (vgl. Hey, in: Tipke/Lang, Steuerrecht, 22. Aufl. 2015, § 7 Rn. 20), ist immer dann, wenn eine Abwälzung der Steuer durch den rechtlichen Steuerschuldner auf den Konsumenten wirtschaftlich im Einzelfall nicht möglich ist, die materielle Frage der Besteuerung nach dem Leistungsfähigkeitsprinzip aufgeworfen.

（3）確かに、課税された産品を使用して、仮に消費税によって発生した費用を展開できない場合でも、結果として利益が発生する可能性もある。この際、計算上の転嫁可能性は、単に消費税の類型のために重要であるだけではな

く、実体法上の基準にもなる（出典）。実体法の側面では、個別事例において
経済力に基づく課税の主義を保障している。消費税は、経済的にそれを負担
している消費者の経済力を基準とすべきであり、法律上の租税債務者の経済
力を基準とすべきでないため（出典）、個別事例において法律上の租税債務
者が租税を転嫁できない場合、常に経済力に基づく課税という実体法上の問
題が生じる。

127

Auf die Gesetzgebungszuständigkeit nach Art. 106 Abs. 1 Nr. 2 GG hat
dies jedoch keine Auswirkung. Die Finanzverfassung und ihre
Kompetenzordnung verfolgen - mangels erkennbarer Vorgaben - nicht
das Ziel, materiellen Grundrechtsschutz zu gewährleisten. Verletzungen
von Grundrechten, insbesondere des Grundsatzes der Besteuerung
nach der individuellen Leistungsfähigkeit, spielen für das Vorliegen einer
Verbrauchsteuer und einer Bundeskompetenz daher keine Rolle
(BVerfGE 123, 1 <17>; 135, 126 <142 Rn. 46>; BVerfGK 17, 44 <48 f.>).

しかし、この点は、憲法106条1項2号に基づく立法管轄には影響しない。
財政憲法および管轄秩序は、明白な規定がないため、実体法上の人権保障
を整備することを目的としない。従って人権侵害、とりわけ個別経済力に基づ
く課税の原則に対する侵害は、消費税の該当性・連邦の管轄の判断には関
係ない。

128

e) Der Typus einer Verbrauchsteuer erfordert ferner den Verbrauch
eines Gutes, das der Befriedigung eines ständigen privaten Bedarfs
dient. Der weite Gestaltungsspielraum des Gesetzgebers bei der
Auswahl der Steuergegenstände (vgl. Rn. 68) ist insoweit typusbedingt
eingeschränkt.

e）消費税の類型は更に、個人の常時需要を満たす産品の消費を必要とす
る。立法者の租税対象を選ぶ際の幅広い裁量（欄外番号68参照）は、その限
り制限されている。

129

aa) Dabei kommt es nicht auf einen - im Einzelfall nicht kontrollierbaren
- tatsächlichen Verbrauch an, sondern darauf, ob der
Besteuerungsgegenstand zum Verbrauch bestimmt ist (Bongartz, in:

Bongartz/Schröer-Schallenberg, Verbrauchsteuerrecht, 2. Aufl. 2011, Rn. C 6; Eiling, Verfassungs- und europarechtliche Vorgaben an die Einführung neuer Verbrauchsteuern, 2014, S. 105). Ein Verbrauch ist jedenfalls dann anzunehmen, wenn der Besteuerungsgegenstand nach Abschluss des konkreten Verwendungsvorgangs nach dem Sinn und Zweck des Gesetzes verbrauchsteuerrechtlich als nicht mehr existent angesehen (BFHE 212, 340 <344>) oder funktions- und wertlos werden soll (BVerfGE 98, 106 <124>).

その際、個別事例で確認が不可能である実際の消費が基準とならない。当該課税対象が消費を目的としているか否かが基準となる（出典）。当該課税対象が具体的な使用過程の後に、法律の目的からみてもはや存在しないように見えるか、それとも機能と価値を失うものである場合、消費として評価すべきである。

130

bb) Ferner nehmen die herkömmlichen Verbrauchsteuern typischerweise Güter des ständigen privaten Bedarfs zum Ausgangspunkt. Soweit einige der tradierten Verbrauchsteuern - wie etwa die Spielkartensteuer (vgl. das Spielkartensteuergesetz vom 10. September 1919, RGBl S. 1643) - diesem Kriterium nicht entsprechen, liegen nicht typusbestimmende Einzelfälle vor. Hingegen ist es für die herkömmlichen Verbrauchsteuern nicht typusbildend, an „Genussmittel" anzuknüpfen. Zwar hatte die Mehrzahl der traditionellen Verbrauchsteuern Genussmittel zum Gegenstand, jedoch gibt es in nennenswerter Zahl abweichende Beispiele, wie folgende, auch in der Gesetzesbegründung (BTDrucks II/480, S. 107 f. <Ziff. 160>; oben Rn. 113) des Finanzverfassungsgesetzes vom 23. Dezember 1955 (BGBl I S. 817) aufgeführte Verbrauchsteuern belegen: die Mineralölsteuer, die Kohlenabgabe, die Zündwarensteuer, die Leuchtmittelsteuer und die Spielkartensteuer.

bb）更に、従来の消費税は通常、個人の常時需要の産品を対象としている。一部の従来の消費税は、その基準に該当しない。例えば、トランプ税は、そうである（1919年9月10日のトランプ税法参照、出典）。このような個別事例は、類型を形成しない。確かに、従来の消費税の大半んは、嗜好食品を対象としているが、そうでない場合も相当数ある。1955年12月23日の財政憲法改正法（出典）の法案理由でも列挙された消費税はその例である：石油税、石炭賦課金、発火道具税、照明具税およびトランプ税である。

f) Schließlich setzen Verbrauchsteuern regelmäßig den Übergang des Verbrauchsgutes aus einem steuerlichen Nexus in den steuerlich nicht gebundenen allgemeinen Wirtschaftsverkehr voraus, ohne aber - wie die Verkehrsteuern - im Tatbestand beide Seiten, insbesondere beide Vertragspartner, zu erfassen (BVerfGE 16, 64 <74>; 98, 106 <124>).

f)更に、消費税は通常は租税関連性から租税と関連しない一般経済取引への移転を必要としている。しかし、その場合に、取引税のように両方の側面、とりわけ両方の契約当事者に負担を掛けない。

aa) Dem liegt die Erkenntnis zugrunde (vgl. unten Rn. 144), dass spätestens ab der Weimarer Zeit eine Üblichkeit bestand, für die Steuerentstehung an das Verbringen eines Endproduktes in den freien Wirtschaftsverkehr anzuknüpfen. Dies betraf insbesondere die Verbrauchsteuer auf Bier, Essigsäure, Kohlen, Leuchtmittel, Mineralöl, Mineralwasser, Schaumwein, Spielkarten, Süßstoff, Tabak, Wein, Zucker und Zündwaren.

aa)この考えの元には、以下の理解がある（下記欄外番号144参照）。遅くとめワイマール時代以降、租税債務の発生について、ある産品を自由な経済取引に置くことを基準とすることが普通であった、との点の理解である。この点は特にビール・酢・石炭・照明具・石油・ミネラルウォーター・シャンパン・トランプ・甘味料・タバコ・ワイン・佐藤および発火道具に関する消費税について、そうであった。

bb) Der Typus der Verbrauchsteuern umfasst danach Steuern, die nach ihrem Regelungskonzept den Verbrauch bestimmter Güter des ständigen Bedarfs durch den privaten Endverbraucher belasten sollen und auf Grund eines äußerlich erkennbaren Vorgangs - regelmäßig das Verbringen des Verbrauchsgutes in den allgemeinen Wirtschaftsverkehr - von demjenigen als Steuerschuldner erhoben werden, in dessen Sphäre sich der Vorgang verwirklicht.

bb)従って、消費税の類型は、以下の租税に該当する。規制構造からして、個人最終消費者の常時需要の一定の産品の消費に課税をするものであって、

外部的に確認できる過程（通常は消費産品を一般経済取引に置くこと）に基づいて、当該過程が行われた領域の者を租税債務者にしている租税である。

134

g) Nach diesen Maßstäben ist die Kernbrennstoffsteuer - trotz des gebotenen weiten Verständnisses ihres Typus (oben Rn. 114) - keine Verbrauchsteuer. Sie ist nach der Konzeption des Gesetzgebers bereits nicht auf eine Abwälzung auf die privaten Verbraucher angelegt (aa)). Die Kernbrennstoffsteuer besteuert zudem ein reines Produktionsmittel (bb)). Besondere Umstände, aus denen im Einzelfall trotz der steuerlichen Anknüpfung an ein reines Produktionsmittel dennoch auf das Vorliegen einer Verbrauchsteuer geschlossen werden könnte, sind für die Kernbrennstoffsteuer nicht gegeben (cc)). Schließlich erfüllt die Kernbrennstoffsteuer nicht das Typusmerkmal der Anknüpfung an ein Gut des ständigen privaten Bedarfs (dd)). Die gebotene Gesamtbetrachtung führt zu dem Ergebnis, dass sie nicht mehr unter den Typus der Verbrauchsteuer eingeordnet werden kann (ee)).

g）この基準では、原発燃料税は、その類型を広く理解することが必要である（上記欄外番号114）が、消費税に該当しない。立法者の構造では、既に個人消費者への転嫁を目的としない（aa））。更に、原発燃料税は、純粋な生産手段を課税対象としている（bb））。租税が純粋な生産手段を課税対象にしているが、個別事例においてなお消費税に該当と判断できる特別な事情がない（cc））。原発燃料税は、個別常時需要の産品を課税対象とする類型要件も満たしていない（dd））。必要な総括評価は、原発燃料税はもはや消費税の類型に属させることが不可能である結論となる（ee））。

135

aa) Die Gesetzesmaterialien über die Einführung der Kernbrennstoffsteuer sprechen gegen eine Zielsetzung des Gesetzgebers, für die Besteuerung an die Einkommensverwendung der privaten Verbraucher anzuknüpfen. aa）原発燃料税の導入についての立法資料は、立法者が個人消費者の所得を対象とする目的を有しなかった評価の理由となる。Er geht in der Gesetzesbegründung nicht von einer Steigerung der Stromkosten für Bund, Länder und Gemeinden aus, da nach seiner Auffassung eine „Überwälzung der den Stromerzeugern entstehenden zusätzlichen Kosten nur in geringem Umfang möglich sein wird" (BTDrucks 17/3054, S. 1 und S. 5):

法案の理由では、連邦・州・地方自治体の電気費用が増加しないことを予測している。立法者の考えでは、「発電業者に発生する追加費用の転嫁は、少ない範囲内のみ可能となる、と予測する」であるからである（出典）。

Strompreiserhöhungen gehen von der Kernbrennstoffsteuer nur insoweit aus, wie die Steuerbelastung auf Stromkunden überwälzt werden kann. Grundsätzlich ist die vollständige Überwälzung der Steuerlast möglich. Da Strom aus Kernkraftwerken aufgrund der bisher geringen Erzeugungskosten im Regelfall keinen Einfluss auf die Strompreisbildung an den Börsen (sog. merit-order) hat, wird angenommen, dass die erhöhten Kosten der Kernkraftwerke allenfalls gelegentlich und für kurze Zeiträume auf die Preisbildung am Strommarkt durchschlagen werden. Die Einkaufspreise an den Strombörsen bilden einen Bestandteil der Kalkulation der Verbraucherpreise der Energieanbieter. In die Verbraucherpreise gehen jedoch nicht nur die Strompreise an den Börsen, sondern auch die Netznutzungsentgelte, die Umlagen des Erneuerbare-Energien-Gesetzes, des Kraft-Wärme-Kopplungsgesetzes sowie Konzessionsabgaben, Stromsteuer und Mehrwertsteuer ein. Für die Verbraucher sind daher allenfalls relativ geringe Erhöhungen des Endabnehmerpreises für Strom zu erwarten. Über eine eventuelle Überwälzung auf Industriekunden, deren Preise vertraglich ggf. nicht an die Börsenpreise gebunden sind, liegen keine Informationen vor. Unmittelbare Auswirkungen, die sich in den Einzelpreisen, dem allgemeinen Preisniveau oder dem Verbraucherpreisniveau niederschlagen könnten, sind damit kaum zu erwarten.

原発燃料税により電気単価の増額は、租税負

担が電気消費者に転嫁できる限りのみ、成立する。原則として、税負担の完全な転嫁は可能である。原発で発電された電力は今まで発電費用の単価が低かった。そのため、通常は電力取引所の単価確定に影響しない。この単価確定は、当日の最も単価が高い電源を全員の単価としている（いわゆる利点順番）。そのため、原発のより高い費用は、電力市場の単価確定に、稀にのみ、短期間のみに影響する考えを採用する。電力取引所での購入価額が、電力会社が消費者単価を計算する要素の一つである。しかし、消費者単価を計算する際、電力取引所の単価以外に、系統使用料、再生可能エネルギー法の賦課金、発電・熱の連携利用に関する法律に基づく賦課金、地方自治体に納める道路使用料、電気税及び付加価値税も、配慮される。従って、消費者の段階では、消費者単価の増加が成立しても微差になることが予測される。産業規模電力消費者の単価については、場合によって契約が電力取引所単価と連携しないように定めているが、手元に情報がない。個別価格・一般価額水準または消費者価額水準に直接な影響がないことを予測している。

136

Auch die Annahme des Gesetzgebers, die Unternehmen würden durch die Kernbrennstoffsteuer mit „bis zu 2,3 Milliarden Euro" (BTDrucks 17/3054, S. 5) belastet werden, weist in dieselbe Richtung. Diese Summe ist identisch mit dem damals kalkulierten Steueraufkommen (vgl. BTDrucks 17/3054, S. 1). Aus den weiteren Gesetzesmaterialien ergibt sich nichts anderes, insbesondere nicht aus dem Hinweis, die vollständige Abwälzung der Steuerlast sei „[g]rundsätzlich [...] möglich" (vgl. BTDrucks 17/3054, S. 5). Dies wird durch die eigene Feststellung des Gesetzgebers, eine Abwälzung werde im maßgeblichen (BVerfGE 110, 274 <298>) Regelfall nicht gelingen, widerlegt. Wäre eine Belastung der Verbraucher - die einzig über den Preis für den an sie abgegebenen Strom erfolgen kann - gewollt gewesen, hätte es, wie das vorlegende Gericht zu Recht hervorhebt (Vorlagebeschluss vom 29. Januar 2013 - 4 K 270/11 -, juris, Rn. 456), zudem nahe gelegen, dafür an die mit den Kernbrennstoffen produzierte und an die Verbraucher abgegebene Strommenge statt an das Einsetzen der Brennelemente oder -stäbe in einen Kernreaktor und das Auslösen einer sich selbsttragenden Kettenreaktion (§ 5 Abs. 1 KernbrStG) und damit einen Vorgang weit außerhalb der Sphäre der Verbraucher anzuknüpfen.

　立法者は、原発燃料税により、企業に「23億ユーロまで」の負担が発生することを予測した（出典）点も、同様の方向を示す。この額は、当時に計算された税収と同額である（出典）。その他の立法資料にも、異なる結論の理由がない。とりわけ、租税負担の完全な転嫁が「原則として可能」である説明（出典）について、そうである。この説明に対し、立法者が自ら転嫁が通常に不可能である説明で反証される。その点について、通常の場合が基準となる（出典）。付託した裁判所が強調しているが（出典）、消費者への転嫁を目的とする場合、原発燃料で発電された後に消費者に提供した電力の量を対象とすることが自然である。実際は、燃料パック・燃料棒を原発で使用し、継続的な連鎖反応を成立させる（原発燃料税法5条1項）が対象となっているが、その過程は消費者の領域から極めて離れている。

137

　Auf Einzelheiten der (kalkulatorischen) Abwälzbarkeit der Kernbrennstoffsteuer kommt es daher nicht mehr an. Insbesondere sind ihre Auswirkungen auf die Rentabilität von Kernreaktoren in diesem Zusammenhang ohne Belang.

　そのため、原発燃料税の計算上の転嫁可能性の詳細については、判断が不要である。とりわけ、原発燃料税は原発の利益確保の可能性にどのように響いている点は、ここで関係ないことになる。

138

　bb) Die Kernbrennstoffsteuer besteuert zudem ein reines Produktionsmittel. Eine entsprechende Anknüpfung ist bei einer Betrachtung der herkömmlichen Verbrauchsteuern nicht typusgerecht (1). Die Besteuerung reiner Produktionsmittel ist auch deshalb typusfremd, weil darin kein Zugriff auf die private Einkommensverwendung liegt (2).

　bb）更に、原発燃料税は純粋な生産手段を課税対象としている。このような課税対象は、従来の消費税の場合には、類型から外れる（1）。純粋な生産手

段を課税対象とすることは、それには個人の所得使用への課税が含まないか
らも、類型から離れている（2）。

139

(1) Kernbrennstoffe sind einer konsumtiven Nutzung durch private
Endverbraucher nicht zugänglich. Die herkömmlichen Verbrauchsteuern
haben aber nur ausnahmsweise an reine Produktionsmittel angeknüpft.

（1）原発燃料は、個人消費者は消費使用できない。従来の消費税は、例外
的のみ純粋な生産手段を課税対象とした。

140

(a) Allerdings ist nahezu jedes besteuerte Gut zumindest „auch" in
einem Produktionsprozess nutzbar und eine konsequente Trennung von
Produktiv- und Konsumtionsverbrauch durch den Steuergesetzgeber
daher kaum möglich (vgl. Birk/Förster, DB zum Heft 30 1985, S. 1 <4>).
Vor diesem Hintergrund wurden Steuern auf „auch" konsumtiv nutzbare
Produktionsmittel im traditionellen deutschen Verbrauchsteuerrecht als
Verbrauchsteuern eingeordnet; das Anknüpfen an ein Produktionsmittel
war in diesem Zusammenhang nicht grundsätzlich ausgeschlossen
(BTDrucks 9/167, S. 6; BVerfGE 110, 274 <296>; BFHE 141, 369 <372
f.>).

（a）確かに、ほとんど全ての課税対象となる財物は、最低限でも「同時に」生
産過程で使用することが可能である。そのため、租税立法者が完全に生産の
ための使用と消費のための使用を区別することが不可能に近い（出典）。その
点を背景に、「同時に」消費使用が可能である生産手段を課税対象とする租
税は、従来のドイツ租税法で消費税として把握されてきた。生産手段を課税対
象とすることは、全面的に排除されていなかった（出典）。

141

(b) Für das traditionelle deutsche Verbrauchsteuerrecht lässt sich für
die Zeit bis zum 23. Dezember 1955 - dem Zeitpunkt des Erlasses des
Finanzverfassungsgesetzes (BGBl I S. 817) und der in seinen
Gesetzesmaterialien (BTDrucks II/480, S. 107 f. <Ziff. 160>) enthaltenen
Definition von Verbrauchsteuern - der Typus einer an reine
Produktionsmittel anknüpfenden Verbrauchsteuer als Regelfall jedoch
nicht feststellen. Die Verbrauchsteuern nahmen vielmehr typischerweise
Güter zum Ausgangspunkt, die einer „auch" konsumtiven Nutzung

zugänglich waren, während die Anknüpfung an einer konsumtiven Nutzung nicht fähige Produktionsmittel einen Sonderfall darstellte.

（b）しかし、1955年12月23日までの期間（財政憲法改正法の制定の時点およびその立法資料に含まれている消費税の定義の時点、出典）までは、ドイツの伝統的な租税法では、純粋な生産手段を課税対象とする消費税の類型が見当たらない。逆に、当時の消費税は、通常は、「同時に」消費としての使用が可能である財物を課税対象としてきた。消費使用ができない生産手段を課税対象とすることは、特別な場合であった。

142

Den im Kaiserreich erhobenen Steuern lag noch keine einheitliche, in sich abgeschlossene Systematik zugrunde. Allerdings ist eine Entwicklung weg von der Besteuerung von Produktionsmitteln erkennbar. Dies wird etwa für die Maischebesteuerung (vgl. § 1 des Gesetzes wegen Erhebung der Brausteuer in der Fassung vom 31. Mai 1872, RGBl S. 153) deutlich: Diese knüpfte zwar ursprünglich an ein reines Produktionsmittel an, die Steuer wurde allerdings zum Ende des Kaiserreiches durch die Biersteuer (vgl. das Biersteuergesetz in der Fassung vom 26. Juli 1918, RGBl S. 863) ersetzt, die nicht mehr ein Produktionsmittel, sondern das - zum privaten Konsum nutzbare - Endprodukt zum Anknüpfungspunkt nahm. Maßgeblich für die Besteuerung war zudem nicht mehr die bloße Herstellung, sondern ein Inverkehrbringen des Produkts, das angenommen wurde, „sobald das Bier aus der Brauerei entfernt oder innerhalb der Brauerei getrunken wird" (§§ 1 und 8 des Biersteuergesetzes in der Fassung vom 26. Juli 1918, RGBl S. 863).

帝国で徴収された租税については、未だ統一的で完結された体系を根拠としなかった。確かに、生産手段を課税対象とすることから離れる展開を確認んできる。この点は、例えば酒造の発酵原材料（Maische）に関する課税を例に明らかとなる（出典）。この租税は最初、純粋な生産手段を課税対象とした。しかし、当該租税は帝国の最後の時期でビール税に変更された（出典）。ビール税は、もはや生産手段ではなく、個人の消費で使用できる最終産品を課税対象としていた。租税債務の発生時点は、単なる製造でなくなった。産品を取引におく時点が基準となった。この時点は、「ビールをビール会社から離れた、またはビール会社内で飲まれた時点」とされていた（出典）。

143

Diese Verschiebung in der Art des steuerlichen Zugriffs zeigt sich in weiteren Beispielen zum Ende des Kaiserreiches: Die Zuckersteuer knüpfte ab 1891 nicht mehr an die Verarbeitung von rohen Rüben, sondern an das Inverkehrbringen des Zuckers an (vgl. §§ 1 und 3 des Gesetzes, die Besteuerung des Zuckers betreffend, in der Fassung vom 31. Mai 1891, RGBl S. 295). Auch die ab 1902 erhobene Schaumweinsteuer wurde vergleichbar erhoben (vgl. §§ 1 und 3 Schaumweinsteuergesetz in der Fassung vom 9. Mai 1902, RGBl S. 155).

この課税対象の変更は、帝国の最後の時期の他の事例でも出る。佐藤税は、1891年から砂糖イモの加工を課税対象としないで、佐藤を取引に置く時点を基準としている（出典）。1902年移行に徴収されたシャンパン税も、同様の方法で課税されてきた（出典）。

144

Die Änderungen in der Weimarer Republik gingen ebenfalls in diese Richtung: Es wurde nicht mehr an die Produktion und Materialverwendung angeknüpft, sondern an das Verbringen eines Endproduktes in den freien Verkehr. ワイマール共和国時代の変更も、同様の方向に行われた。生産・財産の使用ではなく、最終産品を取引に置くことが課税対象となった。Die ab 1930 erhobene Branntweinersatzsteuer (Art. 1 Nr. 1 des Gesetzes zur Änderung des Gesetzes über das Branntweinmonopol vom 15. April 1930, RGBl I S. 138) knüpfte zwar an einen bevorstehenden Produktionsprozess an, betraf allerdings „auch" konsumtiv nutzbare Güter. 1930年以降に徴収された酒代替税（出典）は、既存の生産過程を対象としていたが、「同時に」消費としての使用が可能である財物を対象とした。Auch spätere Steuern hatten jedenfalls der „auch" konsumtiven Nutzung fähige Güter zum Gegenstand. その後の租税も、最低限でも「同時に」消費の使用が可能である財物を対象としていた。Bestätigt wird dieser Befund durch die Gesetzesbegründung des Finanzverfassungsgesetzes vom 23. Dezember 1955 (BTDrucks II/480, S. 107 f. <Ziff. 160>; vgl. Rn. 113). Den „seit jeher" als Verbrauchsteuer klassifizierten Steuern entnahm diese erkennbar keine Anknüpfung an reine Produktionsmittel, sondern stellte auf den „Verbrauch vertretbarer, regelmäßig zum baldigen Verzehr oder kurzfristigen Verbrauch bestimmter Güter des ständigen Bedarfs" ab.

この考えは、1955年12月23日の財政憲法改正法の法案理由（出典）で

89

確認される。この法案理由は、「従来から」消費税として把握される租税は、明白に純粋な生産手段を基準としないで、「一定の種類債権の対象となる、通常は短期間で食べるまたは消費する日常需要の産品」を基準としていた。

145

(c) Wird die Zeit nach Inkrafttreten des Finanzverfassungsgesetzes im Jahre 1955 in den Blick genommen, ergibt sich kein anderes Bild (vgl. Englisch, in: Festschrift für Paul Kirchhof, Bd. 2, 2013, § 190 Rn. 6). Die Änderungen der Schnupftabaksteuer und die Anknüpfung an Rohtabak (1957) und damit an einen Rohstoff waren jeweils gesetzlich mit einem konkreten Endverbrauchsgut verbunden, welches das eigentliche Ziel der Besteuerung bildete (Schnupf- bzw. Kautabak). Zudem betraf die Steuer ein „auch" konsumtiv nutzbares Gut. Mit der Neufassung des Tabaksteuergesetzes im Jahre 1980 wurde die Besteuerung von Kau- und Schnupftabak wieder an das System der übrigen Tabakwaren angepasst (vgl. § 1 Abs. 1 Ziffer 1, § 7 Abs. 1 des Tabaksteuergesetzes [TabStG 1980] in der Fassung vom 13. Dezember 1979, BGBl I S. 2118). Die Änderung des Gesetzes über das Branntweinmonopol im Jahr 1978 (vgl. Art. 1 Ziffer 27 [§ 103a] des Gesetzes zur Änderung des Gesetzes über das Branntweinmonopol vom 13. November 1979, BGBl I S. 1937) betraf endverbrauchsfähige Güter. Ferner war nur ein Randbereich der Besteuerung betroffen; diese war erneut gesetzlich mit der Herstellung eines endverbrauchsfähigen Guts verknüpft. Es sollten Umgehungen dadurch verhindert werden, dass auch Ersatzstoffe zum Anknüpfungspunkt der Steuer genommen wurden; maßgeblich sollte die Anknüpfung an Spirituosen bleiben (BTDrucks 8/2319, S. 8 f.).

(c)1955年の財政憲法改正法以降の時代を検討対象しても、同様である。1957年に嗅ぎタバコ税が改正され、タバコ原材料を課税対象としたが、法律上に具体的な最終産品で連結していた。当該最終産品は、本来の課税対象となっていた（嗅ぎタバコ・噛みタバコ）。更に、当該租税は「同時に」消費使用が可能であった財物を対象としていた。1980年のタバコ税法の改正により、嗅ぎタバコ及び噛みタバコの課税は、他のタバコ製品の課税体制に調和された（出典）。1978年の種類独占に関する法律の1978年改正（出典）は、最終消費が可能である産品を対象とした。その際、課税対象となったのは周辺領域のみであった。課税は原則として最終消費が可能である財物の生産を対象としている。代替材料も租税の対象とすることにより、迂回を阻止することが目的であったが、以前として種類を対象とする点は、変わらなかった（出典）。

(d) Aus der seit dem Jahre 1981 geltenden Besteuerung einiger technischer Alkohole (vgl. Art. 2 Ziffer 7 [§ 103b] des Mineralöl- und Branntweinsteuer-Änderungsgesetzes 1981 [MinöBranntwStÄndG 1981] vom 20. März 1981, BGBl I S. 301) zur Herstellung von Riech- und Schönheitsmitteln folgt nichts anderes. Danach unterlagen auch die Alkoholarten Propanol-1 und Propanol-2 sowie Methanol, „wenn sie zu Riech- und Schönheitsmitteln verarbeitet werden", der Branntweinsteuer. Die Steuer entstand „mit dem Beginn der Verarbeitung zu Riech- und Schönheitsmitteln"; Steuerschuldner war der Inhaber des Verarbeitungsbetriebs. Die Branntweinsteuer bezog sich insoweit auf reine, keiner konsumtiven Nutzung fähige Produktionsmittel. Der Bundesfinanzhof hat in diesem Zusammenhang § 103b des Gesetzes über das Branntweinmonopol für kompetenzgemäß im Sinne des Art. 106 Abs. 1 Nr. 2 GG erachtet (BFHE 141, 369 unter Bezugnahme auf BTDrucks 9/167, S. 6). Die gegen § 103b des Gesetzes über das Branntweinmonopol gerichteten Verfassungsbeschwerden wurden durch das Bundesverfassungsgericht nicht zur Entscheidung angenommen (BVerfG, Beschluss des Vorprüfungsausschusses des Ersten Senats vom 17. September 1985 - 1 BvR 1260/84 -, DStZ/E 1985, S. 334; Beschluss des Vorprüfungsausschusses des Ersten Senats vom 17. September 1985 - 1 BvR 1261/84 -, Information StuW 1985, S. 575). Auch in einer weiteren Entscheidung vom 2. Mai 1985 (BVerfG, Beschluss des Vorprüfungsausschusses des Zweiten Senats vom 2. Mai 1985 - 2 BvR 285/85 -, DB 1985, S. 1569 <1570>) hat das Bundesverfassungsgericht keine verfassungsrechtlichen Einwände gegen das Mineralöl- und Branntweinsteuer-Änderungsgesetz vom 20. März 1981 (BGBl I S. 301) erhoben, insbesondere keinen Kompetenzverstoß erkannt.

　(d)1981年に消臭剤・化粧品製造に使用する一部の技術アルコールを課税することになったが（出典）、その点からも反論ができない。この改正に従い、プロパノール1およびプロパノール、更にメタノールのアルコール類が「消臭剤または化粧品」に加工される場合、酒類税の対象となった。租税債務は、「消臭剤または化粧品への加工の開始」を基準に、成立した。租税債務者は、加工企業の所有者であった。その限り、酒類税は、消費使用が不可能であった純粋生産手段を対象としていた。その関係で、連邦租税裁判所は、酒類独占に関する法律103a条は、憲法106条1項2号の基準で立法管轄が整備されていた、と判断した（出典）。酒類独占に関する法律103b条に対する憲法異

議は、連邦憲法裁判所が受理しなかった（出典）。更に、1985年5月2日の
案件に関する判例(出典)でも、連邦憲法裁判所は1981年3月20日の石油・
酒類税改正法に対する憲法上の異論を述べていない。とりわけ、管轄規定に
関する違反を認めなかった。

147

　Allerdings lag in Bezug auf den steuerlichen Tatbestand ein nicht
typusbildender Einzelfall vor. Ziel des Gesetzes war es, das Substitut
eines durch die Branntweinsteuer erfassten Alkohols zu besteuern und
die einheitliche Erfassung einer Warengruppe einschließlich von
Ersatzstoffen zu gewährleisten, um auf diese Weise die Einheitlichkeit
der Besteuerung sicherzustellen. In einem solchen Fall kann eine
Besteuerung von Produktionsmitteln ausnahmsweise als typusgerecht
angesehen werden (vgl. mit ähnlicher Argumentation BVerfGE 137, 350
<362 Rn. 30> zur Luftverkehrsteuer und BVerfGE 27, 375 <383 f.> zu
Nachsteuern). Dies dient insbesondere dem Schutz des
Besteuerungsaufkommens vor dem steuerumgehenden Ersatz der
besteuerten Güter durch funktionsgleiche, aber unbesteuerte Substitute.
Zudem lag den genannten Entscheidungen ein Sachverhalt zugrunde, in
welchem der besteuerte Rohstoff in dem Endverbrauchsprodukt noch
körperlich vorhanden war. Eine vorbehaltlose Aussage, dass die
Besteuerung reiner Produktionsmittel typuskongruent ist, enthalten damit
weder die Entscheidungen des Bundesverfassungsgerichts noch die
Ausführungen des Vermittlungsausschusses (BTDrucks 9/167, S. 6)
oder des Bundesfinanzhofs (BFHE 141, 369 <373>).

　しかし、租税の構成要件について、類型に影響しない個別事例が問題となっ
ていた。この法律の目的は、酒類税の対象となっていたアルコールの代替品
を把握するところにあった。代替材料も含めてある産品の種類を統一的に把
握し、租税の統一を保障することが目的であった。このような場面では、生産
手段の課税も、例外的に類型に該当する、と判断が可能である（出典）。この
ことは、税収を保護する際に、機能が同等であるが、課税対象でない代替材
料の使用を阻止するから必要となる。更に、上記の判例の場合、当該原材料
は、最終消費産品の中に物理的に残存していた事実関係が問題となった。純
粋な生産手段の課税が類型に該当する、との留保のない主張は、連邦憲法
裁判所の判例にも、協議委員会の説明（出典）にも、連邦租税裁判所の判例
（出典）にも、見当たらない。

148

(e) Nichts anderes folgt aus der - verfassungsgemäßen (BVerfGE 110, 274) - „Ökosteuer" (vgl. Gesetz zum Einstieg in die ökologische Steuerreform vom 24. März 1999, BGBl I S. 378). Diese betraf von vornherein keine ausschließlich produktiv nutzbaren Güter. Besteuert wurden elektrischer Strom und Steuergegenstände des Mineralölsteuergesetzes und damit Güter, die „auch" einer konsumtiven Nutzung zugänglich sind.

（e）「環境税」からも、逆に考えることもできない（出典）。環境税は合憲である（出典）。環境税は、最初から排他的に生産に使用できる財物を対象とするものではなかった。電気、石油税法の対象財産が課税された。これらの財物は「同時に」消費使用も可能である。

149

(2) Die Besteuerung reiner Produktionsmittel ist auch deshalb typusfremd, weil darin kein zielgerichteter Zugriff auf die private Einkommensverwendung liegt.

（2）個人の所得使用を目的とする課税ではないためにも、純粋な生産手段を課税対象することは、類型に該当しない。

150

(a) Im Falle der Besteuerung zumindest auch konsumtiv nutzbarer Güter kann eine solche Anknüpfung noch bejaht werden, weil es hier regelmäßig (auch) das Ziel bleibt, primär - und nicht nur „irgendwie" am Ende einer Handelskette - den privaten Verbrauch zu besteuern. Ob insoweit Voraussetzung ist, dass die Belastung der Produktion lediglich eine untergeordnete oder sogar zwangsläufige „Nebenerscheinung" (Förster, Die Verbrauchsteuern, 1989, S. 63 und S. 102 f.; vgl. auch Zitzelsberger, BB 1995, S. 1769 <1776>) der Besteuerung des privaten Verbrauchs ist, kann dahinstehen, da die Kernbrennstoffsteuer ein reines Produktionsmittel besteuert.

（a）最低でも同時に消費使用が可能である財物を課税対象とする場合、類型への該当性を肯定することができる。この場合、通常は一時的に個人の消費を課税対象とすることが目的となる。「なんとなく」、取引の連続の結果としてではなく、一時的な課税目的である。この際、生産に負担をかけることが個人の消費を課税対象とすつことの単に二次的または必然的な「副作用」（出典）に該当しているか否かの点について、判断する必要がない。原発燃料税

93

は、純粋な生産手段を課税対象としているからである。

151

(b) Die Besteuerung des unternehmerischen Verbrauchs eines reinen Produktionsmittels ist mit einem gesetzgeberischen Konzept, im Wege der Verbrauchsteuer auf die private Einkommensverwendung Zugriff zu nehmen (vgl. Rn.115), hingegen nicht mehr zu vereinbaren (vgl. Jatzke, Das System des deutschen Verbrauchsteuerrechts, 1997, S. 87; Herdegen/Schön, Ökologische Steuerreform, Verfassungsrecht und Verkehrsgewerbe, 2000, S. 28; Weber-Grellet, Steuern im modernen Verfassungsstaat, 2001, S. 97; Gärditz, ZfZ 2012, 18 <20>; Seer, DStR 2012, S. 325 <330 ff.>). Dieses setzt die gezielte Besteuerung gerade des privaten Verbrauchs voraus (vgl. Lang, in: DStJG, Bd. 15 [1993], Umweltschutz im Abgaben- und Steuerrecht, S. 115 <137>; Jachmann, in: v. Mangoldt/Klein/Starck, GG, Bd. 3, 6. Aufl. 2010, Art. 105 Rn. 56), weil anderenfalls mit der Anknüpfung an einen Produktionsschritt oder ein Produktionsmittel ein hieraus typisierend angenommener unternehmerischer Gewinn und nicht eine private Einkommensverwendung die Grundlage der Besteuerung wäre (vgl. Zitzelsberger, BB 1995, S. 1769 <1776>; Schaumburg, in: Festschrift für Wolfgang Reiß, 2008, S. 25 <42>; Seer, in: Tipke/Lang, Steuerrecht, 22. Aufl. 2015, § 2 Rn. 6).

（b）企業内で純粋な生産手段を消費することを課税対象とすることは、消費税により個人の所得使用を課税対象とする構造と両立しない（出典）。このことは、特に個人の消費を課税対象とすることを前提としている（出典）。逆に考えると、生産過程また生産手段を課税対象とすることにより、そこに類型として伴う企業の利益が課税の根拠となり、個人の所得使用が対象とならない（出典）。

152

(c) Ein gewerblicher Verbrauch ist grundsätzlich kein geeigneter Anknüpfungspunkt für eine Verbrauchsteuer. Ist die Steuer lediglich darauf angelegt, den Endverbraucher wirtschaftlich „irgendwie" zu treffen, kann die randscharfe Abgrenzung zwischen einer Besteuerung der Einkommenserzielung einerseits und einer Besteuerung der Einkommensverwendung andererseits nicht gelingen. Durch den steuerlichen Zugriff auf den Verbrauch eines Gutes auf einer Vorstufe des Privatkonsums lässt sich eine Besteuerung der

Einkommensverwendung des Endverbrauchers nicht zielgenau erreichen. Die Tatsache, dass das besteuerte Gut dazu dient, ein anderes, für den Endverbraucher gedachtes Gut herzustellen, ist zur notwendigen Abgrenzung von Verbrauchsteuern zu anderen Steuertypen nicht geeignet.

（c）営利目的の消費は、原則として消費税のための適切な課税対象にならない。当該租税は、最終消費者に「何らかの形で」経済的負担をかけることを目的としている場合、所得獲得の課税と所得使用の課税の厳格な区別ができなくなる。個人消費の以前の段階である財物が消費されることを課税対象とすることで、最終消費者の所得使用の課税は、目的を正確に達成する形でできない。課税対象となっている財物は、最終消費者のための他の財物を製造する事実は、必要である消費税と他の租税類型の区別には、適していない。

153

cc) Besondere Umstände, aus denen im Einzelfall trotz der steuerlichen Anknüpfung an ein reines Produktionsmittel dennoch auf das Vorliegen einer Verbrauchsteuer geschlossen werden könnte, sind für die Kernbrennstoffsteuer nicht gegeben.

cc）個別事例において、純粋な生産手段を課税対象にしても、なお消費税が成立する判断ができる特別な事情は、原発燃料税の場合に成立しない。

154

Insbesondere sind keine sonstigen Indizien für ein Anknüpfen der Besteuerung an die private Einkommensverwendung erkennbar (1). Es muss auch nicht zwingend deshalb an ein reines Produktionsmittel angeknüpft werden, um Umgehungs- oder Ausweichverhalten auszuschließen (2).

とりわけ、本件課税が個人の所得使用と関連している点についてのその他の状況証拠が見当たらない（1）。回避行動を排除するために、必然的に純粋生産手段を課税対象とする必要もない（2）。

155

(1) Ein Hinweis, dass auf die Einkommensverwendung zugegriffen werden soll, könnte in dem körperlichen Vorhandensein des besteuerten Rohstoffs im Endprodukt für den privaten Konsum zu sehen sein (Drüen, ZfZ 2012, S. 309 <316>; vgl. identisch: BTDrucks 9/167, S. 6 und BFHE

141, 369 <373>; ähnlich auch: Köck, JZ 1991, S. 692 <697>; Breuer, DVBl. 1992, S. 485 <490>; Franke, StuW 1994, S. 26 <31>; Bach, StuW 1995, S. 264 <272>; Herdegen/Schön, Ökologische Steuerreform, Verfassungsrecht und Verkehrsgewerbe, 2000, S. 30 f.; Eiling, Verfassungs- und europarechtliche Vorgaben an die Einführung neuer Verbrauchsteuern, 2014, S. 107 ff.). (1) 所得使用を課税対象とする目的のための示唆は、課税対象とされている原材料が物理的に個人消費のための最終製品に残存することになる（出典）。Ein solches körperliches Vorhandensein könnte eine hinreichende Verbindung zwischen dem besteuerten Gut und dem privaten Verbrauch als Ausdruck der Einkommensverwendung herstellen und die Annahme rechtfertigen, der Gesetzgeber habe den privaten Verbrauch besteuern wollen und die Anknüpfung an den Privatkonsum lediglich auf eine Vorstufe verlagert.

このように物理的に残存することは、課税された財産と個人の所得使用の一部の消費との関連付けを成立させる可能性がある。それにより、立法者は個人の消費を課税対象にすることを目的とした考えの理由になりうる。立法者は、個人の消費の関連付けを単に前の段階に置き換えた、との考えである。

156

Die besteuerten Kernbrennstoffe finden allerdings keinen körperlichen Eingang in den produzierten elektrischen Strom als das für den privaten Verbrauch allein in Betracht kommende Endverbrauchsgut. Die Verbrauchsgüter des Kernbrennstoffsteuergesetzes (vgl. § 1 Abs. 1 i.V.m. § 2 Nr. 1 KernbrStG: Uran und Plutonium) sind in dem hergestellten beziehungsweise abgegebenen Strom nicht physisch enthalten. Allenfalls findet sich dort - nach einem aufwendigen Transformationsprozess - das in den vorgenannten Elementen enthaltene energetische Potential wieder. Nicht dieses unterliegt aber der Besteuerung durch die Kernbrennstoffsteuer, sondern das Einsetzen der Brennelemente oder -stäbe in einen Kernreaktor (§ 5 KernbrStG), unabhängig von der tatsächlich erzielten Energieausbeute. Zudem war der abgegebene elektrische Strom nicht das Ziel der Kernbrennstoffsteuer; von einer - etwa aus Vereinfachungsgründen bei der Steuererhebung erfolgten - Verlagerung der Besteuerung des Stroms auf eine Vorstufe kann daher keine Rede sein (so auch EuGH, Urteil vom 4. Juni 2015 - C-5/14 -, juris, Rn. 65 ff.).

しかし、課税対象である原発燃料は、物理的に個人の消費のために唯一に問題となる生産された電力に物理的に含まれていない。原発燃料税法の消費

財物（原発燃料税法1条1項、2条1号、ウランおよびプロトニウム）は、生産され販売されている電力に物理的に含まれていない。辛うじていえば、上記の元素のエネルギーが複雑な返還過程の結果で当該電力に含まれている。しかし、原発燃料税は、燃料に含まれているエネルギーを課税対象としていない。実際に得たエネルギー量と関係なく、燃料パック・燃料棒を原発で使用することが対象となる（原発燃料税法5条）。更に、発売されている電力も原発燃料税の課税対象でない。そのため、例えば課税手続き簡略化の理由で課税を前の段階に置き換えた、とも言えない（出典）。

157

(2) Es musste auch nicht zwingend deshalb an ein reines Produktionsmittel angeknüpft werden, weil die Einbeziehung einzelner Güter zur Wahrung einer geschlossenen Besteuerung bestimmter Warengruppen im Rahmen einer ansonsten systemgerechten Steuer notwendig war, insbesondere zum Schutz des Besteuerungsaufkommens vor dem Ersatz der Waren, die für die Besteuerung zum Ausgangspunkt genommen werden, durch funktionsgleiche, aber unbesteuerte Substitute.

（2）本件で純粋生産手段を課税対象とする必要性は、以下の点からも生じなかった。一定の財物を課税することが一定の産品類を統一に課税対象とするために体制に合致している租税の枠内を確保するために必要である、ということも言えない。課税対象である財物と同機能であるが、課税対象でない代替品を使用することにより、税収を減らすことに対する保護の観点の必要性である。

158

Die Kernbrennstoffsteuer zielt nicht auf die Besteuerung einzelner Substitutsgüter zur Wahrung einer geschlossenen Besteuerung bestimmter Warengruppen im Rahmen einer ansonsten systemgerechten Steuer. Zwar unterliegen auch andere Rohstoffe zur Energiegewinnung dem Zugriff durch Verbrauchsteuern. Eine geschlossene Besteuerung der Energieträger, in die sich die Kernbrennstoffsteuer einfügen ließe, ist jedoch nicht festzustellen. Im Bereich der Energieträgerbesteuerung verfolgt die Besteuerung oftmals das Ziel der Verhaltenssteuerung und nicht ausschließlich fiskalische Zwecke. Daher ist steuerlich von vornherein keine Vergleichbarkeit der einzelnen Energieträger gegeben.

原発燃料税は、一定の産品類を統一に課税対象とするために体制に合致している租税の枠内で確保することを目的としていない。確かに、エネルギー確保の他の原材料も、消費税の課税対象となる。しかし、原発燃料税がその一部となる統一的なエネルギー原材料の課税は、見当たらない。エネルギー原材料課税の領域では、課税が多くの場合で行動制御を目的としている。純粋に予算確保を目的としない。そのため、租税法上、最初から様々なエネルギー原材料の比較可能性が成立しない。

159

Zudem dient die Besteuerung von Kernbrennstoffen nicht dem Schutz des Besteuerungsaufkommens einer bestehenden Steuer vor einer Umgehung mittels Substituten der besteuerten Güter, sondern der eigenständigen Beschaffung von Haushaltsmitteln (vgl. BTDrucks 17/3054 S. 1 und S. 5).

更に、原発燃料の課税は、既存の租税の税収を、課税された財物の代替物を使用することによる迂回から保護することを目的としない。独自に予算を確保することを目的としている(出典)。

160

dd) Schließlich erfüllt die Kernbrennstoffsteuer nicht das Typusmerkmal der Anknüpfung an ein Gut des ständigen privaten Bedarfs. Zudem ist ein freier Warenverkehr von Kernbrennstoffen aufgrund ihrer Gefährlichkeit ausgeschlossen. Die Kernbrennstoffsteuer knüpft demgemäß in § 5 Abs. 1 KernbrStG nicht an den Realakt des Verbringens des Besteuerungsgutes aus einem steuerlichen Nexus in den allgemeinen wirtschaftlichen Verkehr an, sondern an den Realakt des erstmaligen Einsetzens der Brennstäbe in einen Kernreaktor und das Auslösen einer sich selbsttragenden Kettenreaktion. Darin liegt eine weitere Abweichung vom Steuertypus der Verbrauchsteuer.

dd)最後に、原発燃料税は、個人の常時需要の産品を課税対象とする、との類型要件にも該当しない。更に、原発燃料に危険が伴うため、自由な産品取引が排除されている。そのために、原発燃料税は原発燃料税法 5 条に基づいて、課税対象を課税関係から一般取引に出すことを基準としないで、原発で燃料棒を最初に使用して継続的な連鎖反応成立させる事実上の行為を課税対象としている。この点も、消費税の類型から離れている。

161

ee) Die gebotene Gesamtbetrachtung (vgl. Rn. 65) führt zu dem Ergebnis, dass die Kernbrennstoffsteuer nicht mehr unter den Typus der Verbrauchsteuer eingeordnet werden kann. Sie erfüllt bereits das zentrale Typusmerkmal einer Besteuerung der privaten Einkommensverwendung nicht und ist aufgrund der Besteuerung eines reinen Produktionsmittels - auch im Hinblick darauf, dass Verbrauchsteuern üblicherweise an Güter des ständigen Bedarfs anknüpfen - typusfremd. Im Falle der Besteuerung eines reinen Produktionsmittels, das sich nicht im Endverbrauchsgut körperlich wiederfindet, hat die Abgrenzung zwischen der Besteuerung der privaten Einkommensverwendung der Endverbraucher und der Besteuerung unternehmerischer Tätigkeit entscheidende Bedeutung für den Verbrauchsteuertypus. Trotz des gebotenen weiten Verständnisses bei der Bestimmung der Einzelsteuerbegriffe der Art. 105 und 106 GG (vgl. Rn. 114) kommt demgegenüber den Gesichtspunkten, dass die Kernbrennstoffe bei ihrem Einsatz wirtschaftlich aufgezehrt und damit im Sinne des Verbrauchsteuerbegriffs „verbraucht" werden und dass es nicht zum Typus von Verbrauchsteuern gehört, allein Genussmittel zu besteuern, kein ausreichendes Gewicht zu, um dennoch eine Verbrauchsteuer annehmen zu können.

ee）総括評価が必要である（欄外番号65参照）。この評価の結果、原発燃料税は、消費税の類型に該当しない。既に個人の所得使用という中心的な類型要件に該当しない。純粋な生産手段を課税対象としているが、消費税が通常は常時需要の財物を課税とする点から考えて、類型から離れている。最終産品に物理的に含まれていない純粋生産手段が課税される場合、最終消費者の個人としての所得使用の課税および企業活動の課税の区別が消費税類型のために決定的に重要である。憲法105条・106条の租税概念を確認する際に広い理解が適切である（欄外番号114）が、上記の観点と比べて、原発燃料が使用によって経済的に消費され、消費税概念に意味で「消費」される点、消費税の類型には、嗜好食品を対象とするに限る条件がない点は、なお消費税として評価するに必要な重要性がない。

V.

162

Der Verstoß des Kernbrennstoffsteuergesetzes gegen Art. 105 Abs. 2 in Verbindung mit Art. 106 Abs. 1 Nr. 2 GG führt vorliegend zur Nichtigerklärung (vgl. § 82 Abs. 1 i.V.m. § 78 BVerfGG) des Gesetzes und nicht nur zur Feststellung der Unvereinbarkeit der Norm mit dem

Grundgesetz (vgl. § 82 Abs. 1 i.V.m. § 79 Abs. 1 und § 31 Abs. 2 BVerfGG). Eine bloße Unvereinbarkeitserklärung hat das Bundesverfassungsgericht zwar wiederholt bei haushaltswirtschaftlich bedeutsamen Normen, insbesondere Steuer- und Abgabengesetzen, ausgesprochen. Die Notwendigkeit einer verlässlichen Finanz- und Haushaltsplanung sowie einer entsprechenden Finanz- und Haushaltswirtschaft kann es hier gebieten, von einer Rückwirkung der Entscheidung abzusehen (BVerfGE 72, 330 <422>; 87, 153 <178 ff.>; 93, 121 <148>; 105, 73 <134>; 111, 191 <224 f.>; 117, 1 <70>), da der rückwirkenden Neubemessung staatlicher Einnahmen keine Möglichkeit zur Neubemessung der Ausgaben entgegenstünde. Hieraus würde eine erhebliche Gefährdung der periodisch erfolgenden staatlichen Finanzplanung und -stabilität und eine Entlastung aktueller und vergangener Steuerzahler zu Lasten künftiger Steuerzahler folgen. Die Notwendigkeit einer verlässlichen Finanz- und Haushaltsplanung steht einer Rückwirkung der Entscheidung allerdings nicht stets entgegen (vgl. BVerfGE 122, 210 <246>; 126, 268 <285 f.>) und kann nur Geltung beanspruchen, wenn der Gesetzgeber sich auf seine Finanz- und Haushaltsplanung verlassen durfte. Dies war im Hinblick auf die von Anfang an mit erheblichen finanzverfassungsrechtlichen Unsicherheiten belastete Kernbrennstoffsteuer nicht der Fall.

　原発燃料税法が憲法 105 条 2 項、憲法 106 条 1 項 2 号を侵害していることは、本件で法律の無効の確認を効果とする（連邦憲法裁判所法 82 条、連邦憲法裁判所法 78 条）。当該法律が憲法と両立しない確認に止まる効果ではない（連邦憲法裁判所法 82 条 1 項、79 条 1 項、31 条 2 項）。確かに、予算に響く規定、特に租税または賦課金に関する立法の際、連邦憲法裁判所は、両立しないの確認に止まる判断を何回か行った。金融・予算に関する信頼できる計画の必要性は、このような場合に判断の遡及性を認めない理由となる場合がある（出典）。国家の収益が変更されたところで、国費に修正を加えることもできないからである。そのため、年度を基準とする国家の財政計画、財政安定に重大な支障が生じる。現在および過去の納税者の負担が軽減され、将来の納税者の負担が増加することになる。しかし、信頼できる財政・予算計画の必要性は、常に判断の遡及性を排除するものではない（出典）。立法者がその財政・予算の計画を信頼できた場合に限り、この原則に従うべきである。原発燃料税は、最初から多くの財政憲法上の疑問点が伴ったため、この条件が本件で成立しない。

Voßkuhle Huber Hermanns

Müller Kessal-Wulf König

Maidowski

（裁判官の署名）

Abweichende Meinung der Richter Huber und Müller

zum Beschluss des Zweiten Senats

vom 13. April 2017

- 2 BvL 6/13 –

2017 年 4 月 13 日第 2 法廷決定（記録番号）に関する Huber・Müller 裁判官の少数意見

1

Soweit die Senatsmehrheit das Kernbrennstoffsteuergesetz für verfassungswidrig hält, stimmen wir dem zwar im Ergebnis, nicht jedoch in der Begründung zu. Entgegen der Auffassung der Senatsmehrheit hat der Bund durchaus die konkurrierende Gesetzgebungskompetenz zur Erfindung neuer, nicht in Art. 106 GG aufgeführter Steuern (I.). Solche Gesetze bedürfen jedoch der Zustimmung des Bundesrates (II.). Da diese hier nicht erteilt worden ist, ist das Kernbrennstoffsteuergesetz nichtig (III.).

多数は原発燃料法を違憲としているが、我々も、その結論に賛成する。しかし、理由には賛成しない。多数意見と逆に、連邦は憲法 106 条に列挙されていない新しい租税を発明する補完的立法権限を有する（Ｉ）。しかし、当該立法は、連邦参議院の同意を必要とする。本件では、当該同意が成立していないため、原発燃料税は違憲である（Ⅲ）。

I.

2

Die Auffassung der Senatsmehrheit, die Gesetzgebungskompetenz des Bundes im Steuerrecht auf die in Art. 106 GG genannten Steuertypen zu beschränken, vermag nicht zu überzeugen. Ob eine Gesetzgebungskompetenz im Bereich des Steuerrechts besteht, bemisst sich ausschließlich nach Art. 105 GG (1.). Dort zugewiesene Befugnisse werden nicht durch Art. 106 GG konditioniert (2.). Der Ausschluss eines so genannten Steuererfindungsrechts lässt sich auch nicht mit der These von der Schutz- und Garantiefunktion der Finanzverfassung begründen (3.). Bei der Zuweisung der Ertragshoheit hat der Steuergesetzgeber allerdings den Vorrang der Verfassung zu beachten und darf sich mit Art. 106 GG nicht in Widerspruch setzen (4.).

多数意見は、連邦の立法権限を憲法 106 条に列挙されている税の類型に限定するが、その見解には説得力がない。租税法分野で連邦の立法管轄が有するか否かは、専ら憲法 105 条を基準にして判断すべきである（1．）。憲法 105 条が認める管轄は、憲法 106 条を基準で条件の対象とならない（2．）。いわゆる租税発明権を排除することは、財政憲法の保護・保障機能で理由付けることができない（3．）。但し、収益を配分する際、立法者が憲法の優先を遵守して、憲法 106 条と矛盾することが許されない（4．）。

3

1. Art. 105 GG enthält eine Regelung über die Verteilung der Gesetzgebungskompetenzen im Bereich des Steuerrechts, die sich im Verhältnis zu den allgemeinen Regeln der Art. 73 f. GG als speziellere Regelung darstellt. Entgegen der Auffassung der Senatsmehrheit lässt sich der Bestimmung nicht entnehmen, dass sich diese Gesetzgebungszuständigkeit auf die in Art. 106 GG aufgeführten Steuern beschränkt. Dafür sprechen weder der Wortlaut der Norm (a) noch systematische (b), teleologische (c) und entstehungsgeschichtliche Gründe (d).

1．憲法 105 条は、憲法 73 条以下の一般規定との関係で特別規定である租税分野における立法管轄の配分を規制している。多数意見と異なり、この規定から生じる立法管轄が憲法 106 条で列挙されている租税に限定されるとは、憲法 105 条から導くことができない。その結論は、規定の文言（a）からも、体系的解釈（b）からも、目的的解釈（c）からも、制定史（d）からも、理由がない。

4

a) Nach Art. 105 Abs. 1 GG hat der Bund die ausschließliche Gesetzgebungskompetenz über Zölle und Finanzmonopole, während die ausschließliche Gesetzgebungskompetenz für örtliche Verbrauch- und Aufwandsteuern nach Art. 105 Abs. 2a GG bei den Ländern liegt. Für die übrigen Steuern ist Art. 105 Abs. 2 GG maßgeblich. Hiernach hat der Bund eine konkurrierende Gesetzgebungskompetenz, wenn ihm das Aufkommen dieser Steuern ganz oder zum Teil zusteht oder die Voraussetzungen des Art. 72 Abs. 2 GG vorliegen. Art. 105 Abs. 2 GG unterwirft die „übrigen Steuern" damit der konkurrierenden Gesetzgebung des Bundes.

a）憲法 105 条 1 項によると、連邦は関税と国家独立について排他的な立法管轄を有する。地域的な消費税または出費税に関する排他的立法管轄は、憲法 105 条2a項に基づいて州にある。その他の租税については、憲法 105 条 2 項が基準となる。その規定によると、連邦は、当該租税の税収を全部または一部受ける場合、または憲法 72 条 2 項の条件が備えている場合、立法管轄を有する。そのため、憲法 105 条 2 項によって連邦の立法管轄が成立するのは、「その他の租税」についてである。

5

Schon dem Wortlaut lässt sich nicht entnehmen, dass damit ausschließlich die in Art. 106 GG aufgelisteten Steuern gemeint sein sollten. Im allgemeinen Sprachgebrauch kommt dem Begriff „übrig" eine umfassende Auffangfunktion zu. Er ist gleichbedeutend mit „verbleibend", „restlich" oder „als Rest noch vorhanden" (Duden, Deutsches Universalwörterbuch, 5. Aufl. 2003, S. 1634). Ausschließlich in dieser Bedeutung wird er auch an anderer Stelle des Grundgesetzes verwendet (im Einzelnen: Art. 13 Abs. 7; Art. 23 Abs. 5 Satz 1; Art. 29 Abs. 6 Satz 2; Art. 35 Abs. 3 Satz 2; Art. 36 Abs. 1 Satz 2; Art. 87b Abs. 2 Satz 1; Art. 91 Abs. 2 Satz 2; Art. 93 Abs. 1 Nr. 5; Art. 106 Abs. 7 Satz 2; Art. 108 Abs. 2; Art. 114 Abs. 2 Satz 3; Art. 135 Abs. 5 GG). Aufschlussreich ist insoweit insbesondere der Vergleich mit Art. 108 GG (Finanzverwaltung), dessen Abs. 2 Satz 1 ebenfalls den Begriff der „übrigen Steuern" verwendet und damit - nach einhelliger Auffassung - sämtliche Steuerarten erfasst, die nicht in Art. 108 Abs. 1 Satz 1 GG ausdrücklich erwähnt sind (vgl. Heintzen, in: Münch/Kunig, GG, Bd. 2, 6. Aufl. 2012, Art. 108 Rn. 23; Heun, in: Dreier, GG, Bd. 3, 2. Aufl. 2008, Art. 108 Rn. 14; Kemmler, in: Schmidt-Bleibtreu/Hofmann/Henneke, GG, 13. Aufl. 2014, Art. 108 Rn. 9; Maunz, in: Maunz/Dürig, GG, Art. 108 Rn. 33 <April 1983>; Pieroth, in: Jarass/Pieroth, GG, 14. Aufl. 2016,

Art. 108 Rn. 4).

　文言からしても、このことは専ら憲法 106 条で列挙されている租税を指すとは言えない。一般的な言葉使いでは、「その他」の概念には包括的に補う機能がある。この概念は、「残りの」・「残存している」と同意義である（出典）。この意味のみで、憲法の他のところでも、使用されている（具体的には、憲法 13 条 7 項、23 条 5 項 1 文、29 条 6 項 2 文、35 条 3 項 2 文、36 条 1 項 2 文、87b 条 2 項 1 文、91 条 2 項 2 文、93 条 1 項 5 号、106 条 7 項 2 文、108 条 2 項、114 条 2 項 3 文、135 条 5 項）。この際、特に憲法 108 条（租税行政）との比較が参考になる。その 2 項 1 文は、同様に「その他の租税」の概念を使用しているが、その場合、憲法 108 条 1 項 1 文が明示的に示さない全ての租税を意味することについて、誰も疑う者がいない（出典）。

6

Die Senatsmehrheit setzt sich mit dem Wortsinn des Begriffs „übrig" nicht auseinander, sondern beschränkt sich auf die mit systematischen, teleologischen und historischen Argumenten (dazu Rn. 9 ff.) unterlegte Behauptung, unter „übrigen Steuern" seien ausschließlich die in Art. 106 GG aufgeführten Steuern und Steuerarten zu verstehen (vgl. Rn. 68). Damit übergeht sie den Wortlaut von Art. 105 Abs. 2 GG, der keinerlei Bezugnahme auf Art. 106 GG enthält. Hätte der Verfassungsgeber beziehungsweise der verfassungsändernde Gesetzgeber eine Beschränkung der Gesetzgebungsbefugnisse auf die in Art. 106 GG genannten Steuern und Steuerarten gewollt, hätte er dies durch eine entsprechende Formulierung in Art. 105 Abs. 2 GG zum Ausdruck bringen können. Zu Recht ist das Fehlen einer ausdrücklichen Verweisung in Art. 105 Abs. 2 GG auf Art. 106 GG daher als „sehr beredtes Schweigen" des Verfassungstextes qualifiziert worden (vgl. Osterloh, NVwZ 1991, S. 823 <828>).

　多数意見は、「その他」の概念の文言条の意味を検討していない。単に体系的・目的的・歴史的な議論を展開して、「その他の租税」が専ら憲法 106 条で列挙されている租税・税種を指す、と主張している。この解釈方法では、憲法 105 条 2 項の文言を無視している。当該規定は、憲法 106 条を何ら引用していない。憲法改正立法者が立法権限を憲法 106 条で列挙されている租税・税種に限定することを意図していた場合、憲法 105 条 2 項にその意図を実現する適切な文言を加えることが可能であった。そのため、憲法 105 条 2 項が憲法 106 条を引用していないことが、憲法文言の「極めて多くのことを言っている黙示」として評価されたが（出典）、その評価に賛成すべきである。

b) Das vorstehend dargelegte Verständnis des Begriffs „übrige Steuern" wird auch durch die Systematik des Grundgesetzes gestützt. Abweichend von der sonstigen Gliederung nach Organen und Funktionen ist die Finanzverfassung als Querschnittsmaterie in einem eigenen Abschnitt (X.) übergreifend geregelt. Dies zeigt, dass der Verfassungsgeber den Anspruch hatte, die Materie in diesem Abschnitt einheitlich und abschließend zu regeln. Eine entsprechende Intention des Finanzreformgesetzes vom 12. Mai 1969 (Einundzwanzigstes Gesetz zur Änderung des Grundgesetzes <Finanzreformgesetz> vom 12. Mai 1969, BGBl I S. 359) lässt sich dem damals neu in das Grundgesetz aufgenommenen Art. 105 Abs. 2a GG entnehmen, der als lex specialis und Bereichsausnahme zu Art. 105 Abs. 2 GG konzipiert ist. Vor diesem Hintergrund muss Art. 105 GG als abschließende Regelung der Gesetzgebungskompetenzen für das materielle Steuerrecht begriffen werden (Heintzen, in: Münch/Kunig, Bd. 2, 6. Aufl. 2012, Art. 105 Rn. 9; Henneke, in: Schmidt-Bleibtreu/Hofmann/Henneke, GG, 13. Aufl. 2014, Art. 105 Rn. 22; Seiler, in: Maunz/Dürig, GG, Art. 105 Rn. 116 ff. <Mai 2015>; Vogel/Walter, in: Bonner Kommentar zum GG, Bd. 14, Art. 105 Rn. 61 f. <Juli 2004>; vgl. auch BTDrucks V/2861, S. 94 f.).

上記の説明の「その他の租税」概念の理解は、憲法の体系からも、妥当である。憲法のその他の部分は、機関・機能を構成の原理としているが、財政憲法は、独自の章（第 10 章）で包括的に機関を総括する方法で規制されている。そのことは、憲法立法者は、この部分をこの章で統一的で最終的に規制する意図であったことの理由となる。1969 年 5 月 12 日の財政改正法（出典）のこのような意図は、当時、新たに憲法 105 条2a項からも導くことが可能である。この規定は、憲法105条2項の一定の領域のための例外で、特別規定として設計されている。このことを背景に、憲法105条2項は、租税法分野の実体法のための立法管轄に関する最終的な規定として把握しなければならない。

8

Dies steht auch nicht im Widerspruch zur Rechtsprechung des Bundesverfassungsgerichts, soweit dieses in mehreren Entscheidungen ein allgemeines Abgabenerfindungsrecht des Staates verneint hat (BVerfGE 55, 274 <300 f.>; 67, 256 <282 ff.>; 78, 249 <266 f.>; 93, 319 <342 ff.>; 108, 1 <16>; 108, 186 <214 ff.>; 113, 128 <145 ff.>; 122, 316 <333 ff.>; 123, 132 <140 ff.>). Diese Entscheidungen betrafen ausschließlich nichtsteuerliche Abgaben (vgl. BVerfGE 113, 128 <145 ff.>). Nur in diesem Kontext - als Ausschluss einer beliebigen Erfindung von außersteuerlichen Abgaben, insbesondere Sonderabgaben - machen die Hinweise auf den „numerus clausus" der Leistungspflichten der Art. 105 f. GG (BVerfGE 67, 256 <286>) und die „Formenklarheit und Formenbindung" (BVerfGE 67, 256 <288 f.>; 105, 185 <193 f.>) der Finanzverfassung Sinn. Soweit die Rechtsprechung eine Einnahmenerschließung „außerhalb des von der Finanzverfassung erfassten Bereichs" abgelehnt hat (BVerfGE 55, 274 <300 f.>; 78, 249 <266 f.>), bezog sich dies durchgängig auf nichtsteuerliche Abgaben, die dem Regime der Art. 105 ff. GG gerade nicht unterfallen sollten. Das betraf unter anderem eine Berufsausbildungsabgabe zur Förderung des Angebots an Ausbildungsplätzen (BVerfGE 55, 274 <300 f.>), eine rückzahlbare Abgabe zur Wohnungsbauförderung (BVerfGE 67, 256 <282 ff.>), eine Abschöpfungsabgabe zur Rückabwicklung fehlgeleiteter Subventionen (BVerfGE 78, 249 <266 f.>), Entgelte für Wasserentnahmen (BVerfGE 93, 319 <342 ff.>), Rückmeldegebühren an Universitäten (BVerfGE 108, 1 <15 ff.>), eine Abgabe zur Finanzierung von Ausbildungsvergütungen in der Altenpflege (BVerfGE 108, 186 <212 ff.>), eine Abgabe zur Finanzierung der Kosten staatlicher Abfallrückführung (BVerfGE 113, 128 <145 ff.>), eine Abgabe von Unternehmen der Land- und Ernährungswirtschaft nach dem Absatzfondsgesetz (BVerfGE 122, 316 <333 ff.>) und eine Sonderabgabe zur Holzabsatzförderung (BVerfGE 123, 132 <140 ff.>). Die hierbei angelegten strengen Maßstäbe hat das Bundesverfassungsgericht deshalb mit dem Hinweis auf die Begrenzungsfunktion der Finanzverfassung gerechtfertigt (vgl. zuletzt BVerfGE 122, 316 <333 ff.>; 123, 132 <140>), um eine Erweiterung der Abgabenbelastung der Bürger unter Rückgriff auf die allgemeinen Sachkompetenzen der Art. 70 ff. GG unter Umgehung der Finanzverfassung zu verhindern. Darum geht es hier jedoch gerade nicht.

　この考えは、連邦憲法裁判所が複数の判例で国家の一般的賦課金発明権を否定した点（出典）とも矛盾しない。これらの判例のすべては、専ら租税でない賦課金を問題とした（出典）。この文脈のみで、すなわち、租税でない賦課金、特に特別賦課金が排除されている意味では、憲法105条以下の「完結列挙」（出典）および「方式の明瞭性」と「方式への拘束」の要請が有意義である。判例が「財政憲法で規制されている領域外」で収益の開拓を否定した（出典）限り、その点は全ての場合に課税でない賦課金が問題となった。これらは、憲法105条以下の規制の対象でない。得に以下の案件で、このような考えが適

用された。職業訓練の供給の促進のための賦課金（出典）、無駄に支払った補助金の払い戻しの賦課金（出典）水資源の使用に関する賦課金（出典）、大学への際履修のための賦課金（出典）、老人介護分野の訓練生報酬の財源のための賦課金（出典）農業・林業分野の企業の販売促進基金法に基づく賦課金（出典）及び木材販売促進のための賦課金（出典）。その際、連邦憲法裁判所が厳格な基準を財政憲法の限定する機能を理由に正当化したが（出典）、その際、財政憲法の条件を迂回して憲法70条以下の一般管轄を利用して国民の負担拡大を阻止することが目的であった。本件では、この点は問題となっていない。

9

c) Auch Sinn und Zweck der Finanzverfassung sprechen für die Anerkennung einer konkurrierenden Steuererfindungskompetenz nach Art. 105 Abs. 2 GG.

c）財政憲法の目的からしても、憲法105条2項に基づく補完的な租税発明管轄を認めるべきである。

10

Ziel der Finanzverfassung ist es, die finanziellen Grundlagen für eine wirksame Erfüllung der öffentlichen Aufgaben in Bund, Ländern und Gemeinden zu schaffen. Im Rahmen der Finanzreform des Jahres 1969 und ihrem Leitgedanken eines kooperativen Föderalismus sollte der grundgesetzlichen Verpflichtung zur Wahrung der Rechts- und Wirtschaftseinheit sowie zur Förderung der Einheitlichkeit der Lebensverhältnisse im Bundesgebiet durch annähernd gleichmäßige öffentliche Leistungen, eine gleichmäßige Steuerbelastung im Bundesstaat und durch die Verhinderung von Wettbewerbsverzerrungen durch regional abweichende Steuerregelungen und uneinheitliche Steuerbelastung Rechnung getragen werden (vgl. Begründung des unverändert übernommenen Regierungsentwurfs, BTDrucks V/2861, S. 11 <Tz. 8, 10, 11>). Zur Erreichung dieses Ziels wurde dem Bund in Art. 105 GG eine weitgehende konkurrierende Gesetzgebungsbefugnis auf dem Gebiet der Steuern eingeräumt. Dabei ging der verfassungsändernde Gesetzgeber davon aus, dass mit den in Art. 105 Abs. 2 GG aufgeführten Steuerarten alle denkbaren Steuern erfasst sind, deren einheitliche Gestaltung für die Wahrung der Rechts- und Wirtschaftseinheit erforderlich sein könnte (vgl. BTDrucks V/2861, S. 32

<Tz. 127>).

　財政憲法の目的は、連邦・州・地方自治体における公の課題の効果的履行のための財政基盤を確保するところにある。1969年の財政改正の基本方針は、協力的連邦主義であった。その枠内では、憲法の法律上・経済上の統一の保持および連邦領域における生活環境の統一性の促進に関する憲法上の義務を、以下の方法で配慮することになったいた。概ね同等の公共による給付、連邦における同等の租税負担、地域的に異なる租税規制・租税負担による競争歪曲の阻止、という観点である（出典）。この目的を達成するために、連邦に憲法105条に基づいて、租税分野で幅広い立法管轄を与えた。その際、憲法改正立法者は、法律上・経済上の統一の保障のために、租税の統一規制が必要である限り、憲法105条2項で規制されている想定できる全ての租税が含まれる、ということを前提としていた（出典）。

11

　Die mit dem Finanzreformgesetz vom 12. Mai 1969 (BGBl I S. 359) einhergehende Ablösung der ursprünglich abschließenden, das heißt enumerativen Festlegung der Steuergesetzgebungskompetenzen des Bundes wurde als erforderlich betrachtet, um das Steuersystem anpassen und fortentwickeln zu können, ohne dass es dafür stets einer Verfassungsänderung bedarf. Durch diese Flexibilisierung sollte einem Erstarren des Regelungsgefüges im gegenstandsnotwendig dynamischen Feld des Steuerrechts vorgebeugt werden (vgl. Heun, in: Dreier, GG, Bd. 3, 2. Aufl. 2008, Art. 105 Rn. 33; Schmidt, StuW 2015, S. 171 <175>).

　1969年5月12日の財政改正法は、従来は連邦の立法管轄を最終的に包括的に列挙したところを変更していたが、そのことは、一々憲法改正を必要としない形で租税規制を変更して発展させることが可能となるために、必要だと思われた。この柔軟化けにより、その対象から必然的である流動的になる租税法の分野で、規制枠組みが固定化されることを予防することが目的であった（出典）。

12

　Zwar sollte mit dem Finanzreformgesetz vom 12. Mai 1969 (BGBl I S. 359) auch ein dauerhaftes und überschaubar gestaltetes Steuerverteilungssystem geschaffen werden, das entsprechend der finanziellen Bedeutung der Aufgaben das Verhältnis zwischen

Steuerbedarf und Steuereinnahmen bei Bund und Ländern möglichst im Zustand des Gleichgewichts erhält (Begründung des unverändert übernommenen Regierungsentwurfs, BTDrucks V/2861, S. 33 <Tz. 134>) und unnötige Auseinandersetzungen zwischen Bund und Ländern zu vermeiden hilft (BTDrucks V/2861, S. 11 f. <Tz. 12>). Eine Versteinerung der Steuerquellen war jedoch nicht beabsichtigt und ist - wie nicht zuletzt die deutliche Ausweitung der Sonderabgaben aller Art zeigt - auch gar nicht möglich. Die Begründung des Finanzreformgesetzes vom 12. Mai 1969 bekennt sich ausdrücklich dazu, dass Ziel der Reform eine bewegliche Anpassung der Steuerverteilung an die wechselnden Finanzbedürfnisse der verschiedenen Aufgabenträger (Bund, Länder und Gemeinden) im Rahmen einer vorausschauenden, in sich abgewogenen Gesamtplanung ist (vgl. BTDrucks V/2861, S. 33 <Tz. 134>; zum Konzept der Herstellung von Dauerhaftigkeit durch Flexibilität vgl. Osterloh, NVwZ 1991, S. 823 <828>).

　確かに、1969 年 5 月 12 日の財政改正法（出典）は、以下の継続的で理解可能な税収配分制度も整備することが目的とされていた。課題の金融的重要性に比例して、連邦および州において、予算の必要性と税収の関係をできるだけ均衡状態に保つものであり（出典）、連邦と州の間の不要な紛争を回避するに貢献するものである（出典）。しかし、税収の固体化は目的とされていなかった。また、各種の特別賦課金の大幅な拡大で明らかになっているように、その固定化は不可能である。1969 年 5 月 12 日の財政改正法の法案理由は、明白に、以下の点を述べている。改正の目的は、様々な課題主体（連邦・州・地方自治体）の財政需要が変わるために、予測可能な充分に配慮した全体計画の枠内で税収の配分を流動的に調整すべきである、との点である（出典）。

13

Die vom verfassungsändernden Gesetzgeber angestrebte Flexibilität würde durch eine Begrenzung der Steuergesetzgebungsbefugnisse auf die in Art. 106 GG genannten Steuerarten verfehlt. Umgekehrt vermag sie - wie nicht zuletzt der vorliegende Fall und die Überlegungen der Senatsmehrheit zum „kleinen Steuererfindungsrecht" oder der Streit um die Verteilung der UMTS-Lizenzen (vgl. BVerfGE 105, 185 ff.) zeigen - auch keine nachhaltigen und dauerhaften Verhältnisse sicherzustellen. Auseinandersetzungen über die Reichweite von Gesetzgebungskompetenzen im Bereich der konkurrierenden Gesetzgebung sind im Übrigen systemimmanent und keineswegs auf den Bereich der Steuern beschränkt. Das damit verbundene Konfliktpotenzial wird zudem durch das Erfordernis einer Zustimmung des Bundesrates entschärft (siehe dazu Abschnitt II.). Das gilt auch für den perhorreszierten „Wettlauf der Steuererfindungen" (vgl. Seer, DStR 2012, S. 325 <330>), dem darüber hinaus der Vorrang der Verfassung entgegensteht.

憲法を改正した立法者が目標にした柔軟性は、租税立法管轄を憲法106条に限定するでは、阻害されることになる。逆に考えても、本件事案および多数意見の「小さい租税発明権」に関する検討及びUMTS許可の収益の配分に関する紛争で明らかになっているように、変更不能で継続的な状況を保障もできない。補完的立法管轄の領域における立法管轄の範囲に関する紛争は、制度に必然的に伴う。租税分野に限定されているものではない。それに伴う紛争の可能性は、連邦参議院の同意の必要性で緩和される（下記IIを参照）。この点は、問題とされている「租税発明の競争」（出典）についても、同様である。この「租税発明の競争」は、既に憲法の優先と両立しない。

14

d) Schließlich spricht die Entstehungsgeschichte der Art. 105 f. GG eher für die hier vertretene Interpretation. In der ursprünglichen Fassung des Grundgesetzes vom 23. Mai 1949 waren die Gegenstände der konkurrierenden Steuergesetzgebungskompetenz des Bundes in Art. 105 Abs. 2 GG noch enumerativ aufgelistet. Für diese alte Rechtslage vor dem Finanzreformgesetz vom 12. Mai 1969 hatte das Bundesverfassungsgericht ein Steuererfindungsrecht der Länder aus Art. 70 GG ausdrücklich anerkannt und sich damit bereits gegen die Vorstellung von einer abschließenden Natur der Finanzverfassung ausgesprochen (vgl. BVerfGE 14, 76 <91>; 16, 64 <77 ff.>). Die Aufzählung möglicher Steuerarten in Art. 105 Abs. 2 GG wurde gerade nicht als abschließend verstanden, die These von der Vollständigkeit des Steuerkataloges verworfen (vgl. BVerfGE 16, 64 <78 f.>).

d)憲法105条・106条の制定史も、むしろここで主張している見解の理由となる。1949年5月23日の憲法の元の文言では、連邦の補完的租税立法管轄が憲法105条2項で最終的に列挙されていた。1969年5月12日の財政改正法以前の旧法について、連邦憲法裁判所は州の憲法70条から生じる租税発明権を明示的に認めた。それにより、財政憲法に最終的な性質がない、との判断を示した（出典）。憲法105条2項の可能な税種の列挙は、最終的な列挙として把握されていなかった、租税列挙の完全性の考えが否定されて

いた（出典）。

15

Daran hat sich durch das Finanzreformgesetz vom 12. Mai 1969 (BGBl I S. 359) nichts Grundlegendes geändert. Zwar wurde durch dieses Gesetz die zuvor bestehende Beschränkung der Gesetzgebungskompetenzen des Bundes in Art. 105 Abs. 2 GG auf bestimmte Steuerarten aufgehoben. Damit sollte insbesondere die bis dahin umstrittene Zuständigkeit des Bundes für das allgemeine Steuerrecht eindeutig festgelegt werden (Begründung des unverändert übernommenen Regierungsentwurfs, BTDrucks V/2861, S. 32 f. <Tz. 127 ff.>, S. 52 f. <Tz. 305 ff.>), wobei der verfassungsändernde Gesetzgeber davon ausging, dass es sachlich nicht begründet sei, die Gesetzgebung des Bundes auf bestimmte Steuerkategorien zu beschränken. Für die Notwendigkeit bundeseinheitlicher Gesetzgebung könnten nur die Voraussetzungen des Art. 72 Abs. 2 GG maßgeblich sein (BTDrucks V/2861, S. 32 <Tz. 127 f.>).

1969 年 5 月 12 日の財政改正法により、この点について根本的に変わったことはない。確かに、この改正は、以前に連邦の立法管轄を憲法 105 条 2 項で一定の税種に限定されていたが、その限定が廃止された。そのことは、とりわけ当時まで論争の対象であった連邦の租税法総論に関する立法管轄を明白に認めることが目的であった（法案理由、出典）。その際、憲法を改正した立法者は、連邦の立法を一定の税種に限定することが適切でない前提で行動した。連邦統一の立法の必要性の基準は、憲法 72 条 2 項のみである、との考えであった（出典）。

16

Das schon zuvor anerkannte Steuererfindungsrecht der Länder sollte durch die Neufassung des Art. 105 Abs. 2 GG jedoch nicht beseitigt oder beschränkt werden. Vielmehr wurde dessen Fortbestand ausdrücklich betont (BTDrucks V/2861, S. 33 <Tz. 131>).

既に以前から認められていた州の租税発明権は、憲法 105 条 2 項の改正で廃止する、または制限する目的はなかった。逆に、その存続を明示的に強調した（出典）。

17

Soweit die Senatsmehrheit demgegenüber darauf verweist, der verfassungsändernde Gesetzgeber sei möglicherweise bereits bei Erlass des Finanzverfassungsgesetzes vom 23. Dezember 1955 (BGBl I S. 817) der Auffassung gewesen, dass den Ländern ein allgemeines Steuererfindungsrecht nicht zustehe, vermag dies nicht zu überzeugen. Zwar findet sich in der damaligen Gesetzesbegründung die von der Senatsmehrheit zitierte Feststellung, die verfassungspolitische Bedeutung, die das Grundgesetz der Verteilung der Steuerertragshoheit beimesse, lasse es nicht zu, die Zuteilung der Einnahmen aus künftigen Steuern dem einfachen Bundesgesetzgeber zu überlassen. Damit wurde allerdings lediglich die - später nicht weiterverfolgte - Forderung begründet, dass das Finanzausgleichsgesetz nach Art. 107 GG auch die Grundsätze über die Verteilung solcher Steuern normieren sollte, die nach seiner Verabschiedung neu eingeführt werden (vgl. BTDrucks II/480, S. 40 <Tz. 43>). Insoweit setzt die zitierte Passage die Möglichkeit der Einführung neuer Steuern und damit den Bestand eines Steuererfindungsrechts gerade voraus. Nichts anderes ergibt sich auch aus dem Hinweis der Senatsmehrheit auf die Beratungen des Finanzausschusses zum Entwurf eines Mineralöl- und Branntweinsteuer-Änderungsgesetzes 1981. Die dortige Feststellung, dass dem Bund ein Steuererfindungsrecht hinsichtlich des Verbrauchsteuerbegriffs des Art. 106 GG zustehe (vgl. BTDrucks 9/167, S. 6), schließt den Bestand sonstiger Steuererfindungsrechte von Bund und Ländern nicht aus.

多数意見がその点について、以下のように述べている。憲法を改正する立法者は、場合によって、既に 1955 年 12 月 23 日の財政改正法（出典）を制定するときに、州に租税発明権がない考えであった、との説明である。この説明には説得力がない。確かに、当時の法案理由には、多数意見が引用している以下の主張が含まれている。すなわち、憲法が税収の配分に与える重要性からして、将来の租税の収益の配分を、憲法改正を伴うことない連邦の立法者に委ねることができない、との主張である。しかし、この点は単に、後に追求されねかったが、以下の要請の理由を述べたに過ぎない。財政改正法が憲法 107 条に基づいて、その立法の後に導入される租税の税収配分を規制すべきである、との要請である（出典）。その限り、引用されている文章は、逆に新しい租税の導入、それによって租税発明権の成立を前提としている。多数意見が 1981 年の石油・酒類租税改正法の法案についての財政委員会での審議を引用している点も、逆の考えの理由にならない。そこで、連邦に憲法 106 条の消費税概念についての租税発明権がある、との説明（出典）は、連邦または州のその他の租税発明権を排除しない。

Mit der Finanzreform 1969 sollte dem Bund die konkurrierende Gesetzgebungszuständigkeit zugewiesen werden, soweit eine von den Ländern „erfundene" Steuer wegen der Einheitlichkeit der Lebensverhältnisse bundeseinheitlich geregelt werden muss (vgl. BTDrucks V/2861, S. 94 f.). Dies wird durch die Erklärung des Rechtsausschusses des Deutschen Bundestages bei der unveränderten Übernahme der im Regierungsentwurf enthaltenen Fassung des Art. 105 Abs. 2 GG bestätigt, dass „eine umfassende Gesetzgebungskompetenz des Bundes im Interesse der Gleichmäßigkeit der Besteuerung und einer weiteren Vereinheitlichung des Steuerrechts notwendig ist" und dass „der Bund grundsätzlich für alle Steuern das konkurrierende Gesetzgebungsrecht besitzt" (Stellungnahme des Rechtsausschusses des Bundestages, BTDrucks V/3605, S. 6 f.). Daraus lässt sich der gesetzgeberische Wille entnehmen, nicht nur das Steuererfindungsrecht der Länder nicht in Frage zu stellen, sondern auch dem Bund mit der Auffangklausel des Art. 105 Abs. 2 GG die Erschließung neuer Steuerarten grundsätzlich zu erlauben.

1969 年の財政改正は、州が「発明」した租税について、生活環境の統一性のために連邦に統一的な規制が必要である限り、連邦に補完的な立法管轄を認めることを目的とした。この点は、連邦議会の法政委員会が憲法 105 条 2 項の政府法案を変更なく承認した際に、以下のように述べたことで、確認される。「連邦の包括的な立法権限は、課税の平等および租税法の更なる調和のために必要である」、および「連邦は原則として全ての租税について補完的立法管轄を有する」との発言である（出典）。その発言から、立法者の以下の意図が導かれる。州の租税発明権を疑問としないだけではなく、連邦に憲法 105 条 2 項の一般管轄により、新たな税種の開拓を原則として認める、との意図である。

Dieses Verständnis findet sich auch in der Rechtsprechung des Senats. In einem Beschluss vom 12. Oktober 1978 zur landesgesetzlichen Regelung einer neuen, als Steuer eingeordneten Abgabenart, hat dieser eine konkurrierende Gesetzgebungskompetenz aus Art. 105 Abs. 2 in Verbindung mit Art. 72 Abs. 1 GG abgeleitet, ohne die Abgabenregelung einer der in Art. 106 GG ausdrücklich aufgeführten Steuertypen zuordnen zu können oder auf diese Bestimmung auch nur Bezug zu nehmen (BVerfGE 49, 343 <354>). Die schleswig-holsteinische Abgabe wegen Änderung der Gemeindeverhältnisse hatte insoweit Bestand (vgl. BVerfGE 49, 343 <354>).

この理解は、本法廷の判例にも反映されている。1978 年 10 月 12 日の決定では、租税として把握された新たな賦課金種類について州の規制が問題となったが、法廷は、憲法 105 条 2 項・憲法 72 条 1 項から補完的立法管轄を導いた。当該賦課金規制を憲法 106 条で明白に列挙されている税類型に分類できなかった。この規定を最初から引用しなかった（出典）。Schleswig-Holstein 州の地方自治体の状況変更に基づく賦課金に関する規定は、その限り維持されていた（出典）。

20

2. Die „Steuererfindungsbefugnis" nach Art. 105 GG wird nicht durch Art. 106 GG eingeschränkt (a). Zum Gegenstand der Steuergesetzgebung gehört - vorbehaltlich der Vorgaben von Art. 106 GG - auch die Zuweisung der Steuerertragshoheit (b).

2. 憲法 105 条に基づく「租税発明権限」は、憲法 106 条に基づいて制限されない（a）。租税立法の対象は、憲法 106 条の制限を遵守して、税収の配分にも及ぶ（b）。

21

a) Art. 105 GG unterscheidet sich in seiner Funktion grundlegend von Art. 106 GG. Während Art. 105 GG die Gesetzgebungskompetenzen im Bereich des Steuerrechts zuordnet, dient Art. 106 GG der Verteilung des gesamtstaatlichen Steueraufkommens zwischen Bund, Ländern und Gemeinden. Warum die Verteilung des Aufkommens der in Art. 106 GG aufgeführten Steuern und Steuerarten zu einer Beschneidung der Regelungskompetenzen des Steuergesetzgebers gemäß Art. 105 GG führen soll, erschließt sich angesichts der unterschiedlichen Regelungsgegenstände beider Vorschriften nicht.

a）憲法 105 条の機能は、憲法 106 条の機能と根本的に異なる。憲法 105 条は、租税法分野で立法権限を配分している。憲法 106 条は、国家全体の税収を連邦・州・地方自治体の間に配分することを目的としている。これらの規定が異なる規制対象を有するため、憲法 106 条で列挙されている租税または税種の配分が、憲法 105 条から生じる立法管轄を制限する理由は、不明である。

aa) Würde man die Verteilung der Steuergesetzgebungskompetenzen in Art. 105 GG nur auf die in Art. 106 GG aufgeführten Steuern beziehen, käme dieser Vorschrift eine Begrenzungs- und Garantiefunktion in dem Sinne zu, dass andere Steuern nicht erhoben werden könnten (vgl. Vogel, in: Isensee/Kirchhof, HStR IV, 1. Aufl. 1990, § 87 Rn. 32). Dies widerspräche - wie dargelegt - nicht nur dem Willen des verfassungsändernden Gesetzgebers, der das „Steuererfindungsrecht" der Länder mit dem Finanzreformgesetz vom 12. Mai 1969 ausdrücklich bestätigt hat, sondern auch der Rechtsprechung des Bundesverfassungsgerichts (BVerfGE 14, 76 <91>; 16, 64 <78 f.>; 49, 343 <354, 359>). Es widerspräche aber auch der Staatspraxis, weil der Katalog des Art. 106 GG selbst bei weiter Auslegung der dort verwendeten Begriffe nicht sämtliche denkbaren Steuern und Steuerarten erfasst (vgl. Brockmeyer, in: Schmidt-Bleibtreu/Klein, 11. Aufl. 2008, Art. 106 Rn. 7 f.; Fischer-Menshausen, in: Münch/Kunig, GG, Bd. 3, 3. Aufl. 1996, Art. 106 Rn. 14a; Heun, in: Dreier, GG, Bd. 3, 2. Aufl. 2008, Art. 106 Rn. 14, 45; Osterloh, NVwZ 1991, S. 823 <828>; Selmer, Steuerinterventionismus und Verfassungsrecht, 1972, S. 154 f.; Wendt, in: Isensee/Kirchhof, HStR IV, 1. Aufl. 1990, § 104 Rn. 29 f.; vgl. auch BVerfGE 49, 343 <354>). Eine Begrenzung des gesamten Steuerwesens auf die vom Verfassungsgeber vorgefundenen und in Art. 106 GG niedergelegten Steuerarten ist dem System der Finanzverfassung fremd (vgl. BVerfGE 16, 64 <78>).

aa)憲法 105 条の租税立法管轄の配分を憲法 106 条で列挙されている租税のみについて適用する場合、憲法 106 条は、列挙されている租税以外の課税が許されない制限機能を有することになる。既に説明したとおり、この考え方は、憲法を改正する立法者の意思に反することになる。立法者は、1969 年 5 月 12 日の財政改正法により、州の「租税発明権」を明白に確認した。同時に、連邦憲法裁判所の判例とも矛盾することになる（出典）。この考えは、国家の実務とも矛盾することになる。憲法 106 条の概念を広く解釈しても、全ての考えられる租税・税種を含まないからである（出典）。憲法立法者が既に知った、憲法 106 条で規制された税種に全ての租税規制を限定することは、財政憲法の体制に含まれていない（出典）。

bb) Es kann auch nicht davon ausgegangen werden, dass der verfassungsändernde Gesetzgeber mit der Neuregelung des Art. 106 GG zugleich eine Beschneidung zumindest der Steuergesetzgebungskompetenzen von Bund und Ländern angestrebt hat. Ziel der Neuregelung des Art. 106 GG war vielmehr, vor allem durch die Einbeziehung der Umsatzsteuer in die Verbundmasse und die gleichmäßige Aufteilung von Einkommens- und Umsatzsteuer einen umfassenden Steuerverbund zu erreichen, so dass die unterschiedliche Entwicklung des Aufkommens dieser Steuern nicht zu einseitigen Begünstigungen oder Belastungen des Bundes oder der Länder führt (vgl. BTDrucks V/2861, S. 33 <Tz. 135>). Damit sollte eine Befriedung der Finanzbeziehungen zwischen Bund und Ländern erreicht und die Grundlage für ein dauerhaftes und überschaubares Steuersystem geschaffen werden, das eine bewegliche Anpassung der Steuerverteilung an die wechselnden Finanzbedürfnisse von Bund, Ländern und Gemeinden ermöglichen sollte (vgl. BTDrucks V/2861, S. 33 <Tz. 134>). Einschränkungen der Gesetzgebungszuständigkeiten hinsichtlich der Einführung neuer, beziehungsweise der Abschaffung oder Änderung bestehender Steuern waren hingegen nicht Gegenstand der Regelung des Art. 106 GG.

bb)憲法を改正する立法者が憲法 106 条の改正により、連邦および州の立法権限を制限することを目的とした考えも、作用すべきでない。憲法 106 条は、逆に以下の点を目的とした。特に、付加価値税を共通の税収に取り入れて、所得税と付加価値税の平等の配分により、包括的な租税同盟を確保することが目的であった。これらの租税の税収が異なる形で発展した場合、一方に連邦または州が不利となることを回避することが目的であった。これにより、連邦と州の財政関係を平和化し、継続的で理解可能な租税体制を作ることが目的であった。当該体制が、連邦・州・地方自治体の変わる金融需要に流動的に対応する税収の配分の変更を可能とする目的であった（出典）。逆に、憲法 106 条の規制対象は、新たな租税を導入する際、または既存の租税の廃止・変更の際の立法管轄を制限することを含まない。

24

cc) Die Senatsmehrheit betont demgegenüber die vom verfassungsändernden Gesetzgeber angestrebte Befriedungsfunktion der Finanzverfassung als Ziel der Finanzreform 1969. Sie setze voraus, dass Verschiebungen im Steueraufkommen unterblieben und das Verhältnis zwischen Steuerbedarf und Steuereinnahmen bei Bund und

Ländern möglichst im Zustand des Gleichgewichts erhalten bliebe.

cc）これに対し、多数意見は、憲法改正立法者が 1969 年財政改正の目的として紛争回避機能を強調している。多数意見は、税収の変更が発生しないこと、連邦・州の予算需要および税収の間の関係ができるだけ均等状況を維持することを前提としている。

25

Dies lässt freilich bereits außer Betracht, dass schon die Inanspruchnahme der unstreitig bestehenden Regelungskompetenzen des Bundes und der Länder hinsichtlich der in Art. 106 GG aufgeführten Steuern zu wesentlichen Verschiebungen im Steueraufkommen und der Steuerverteilung zwischen Bund und Ländern führen kann. Zwar legt Art. 106 GG wesentliche Steuerarten fest, innerhalb dieser jedoch weder die Anzahl der Steuern noch deren Gestaltung und Höhe, so dass die Vorstellung von einem stabilen und ausgewogenen, verfassungskräftig verankerten Verteilungssystem nicht überzeugt (vgl. Möckel, DÖV 2012, S. 265 <267>). Dass dem Steuergesetzgeber bezüglich der in Art. 106 GG genannten Steuerarten eine sehr weitreichende Gestaltungsfreiheit verbleibt, gesteht die Senatsmehrheit ausdrücklich zu. Dies ist aber mit der Vorstellung, Art. 106 GG gewährleiste eine dauerhafte und gleichgewichtige Steuerverteilung zwischen Bund und Ländern, nicht vereinbar.

しかし、その考えは以下の点を配慮していない。論争なく成立している連邦及び州の立法権限を行使することも、既に憲法 106 条で列挙されている租税について、税収及び連邦と州の間の税収配分に大きく影響する可能性がある、との点である。確かに、憲法 106 条は重大な税種を定めている。しかし、それらの税種について、その形成についても、その税率についても、規定していない。そのため、変更不能である、均衡を保つ、憲法で規制されている税収配分制度の発想は、説得力がない。多数意見が明白に、立法者に憲法 106 条で列挙されている税種の枠内に幅広い形成の自由が残っている点を認めている。その点は、憲法 106 条が連邦と州の間の継続的で均衡を保つ税収配分を保障するとの発想と両立しない。

26

Auch der verfassungsändernde Gesetzgeber ging erkennbar nicht davon aus, dass mit der Neuregelung der Art. 105 und Art. 106 GG ein abschließendes System der Steuerverteilung geschaffen werden konnte, das einfachgesetzlicher Nachjustierungen weder bedarf noch zugänglich ist. Angestrebt war vielmehr eine Reform, die eine bewegliche Anpassung der Steuerverteilung an die wechselnden Finanzbedürfnisse der verschiedenen Aufgabenträger ermöglichen sollte (vgl. BTDrucks V/2861, S. 33 <Tz. 134>). Dabei stellt sich das bei der Verteilung der Umsatzsteueranteile zwischen Bund und Ländern nach Art. 106 Abs. 3 Satz 3 und Satz 4 GG angewandte Deckungsquotenverfahren als „flexibles Element des Steuerverteilungssystems" (Henneke, in: Schmidt-Bleibtreu/Hofmann/Henneke, GG, 13. Aufl. 2014, Art. 106 Rn. 70) dar, auf dessen Grundlage den in den jeweiligen Haushalten veranschlagten Einnahmen und Ausgaben durch Ausgleichsansprüche und -verpflichtungen Rechnung getragen werden soll. Zeichnet sich das von Art. 106 GG geschaffene System der Ertragsverteilung somit gerade durch das Fehlen fester Verteilungsergebnisse aus, so steht auch bei Hinzutreten neuer Steuerarten und -erträge nicht die Entstehung von verfassungsrechtlich nicht gewollten und nicht korrigierbaren Ertragsungleichgewichten zu befürchten. Im Falle derartiger Verschiebungen im Steueraufkommen ist vielmehr eine Neubestimmung der Umsatzsteueranteile nach Maßgabe des Art. 106 Abs. 3 Satz 3 und Satz 4, Abs. 4 GG vorzunehmen (vgl. insoweit auch BVerfGE 105, 185 <194 f.>). Warum dies „keine angemessene Lösung" darstellen soll, ist nicht ersichtlich, da es sich insoweit um einen im Kern justiziablen Anspruch von Bund und Ländern handelt.

　憲法改正立法者も、明白に、憲法 105 条・憲法 106 条の改正により、通常の立法による再調整を必要としない上に、それが許されないような税収配分制度が制定される、と考えていなかった。逆に、様々の課題履行者の変わる予算需要に流動的に対応できるように、改正が目的された。その際、憲法 106 条 3 項 3 文・4 文に基づく手続き（連邦及び州の予算について、同等の率で税収を充てる）が「税収配分制度の柔軟要素」である（出典）。この手続きに基づいて、様々な予算で収入と支出を調整債権・調整義務により配慮する。従って、憲法 106 条の収益配分の制度の特徴は、固定収益配分率が欠けているところ。そのため、新たに税種および税収が追加されても、憲法上で望まれていない、または修正が効かない収益の不均衡が発生するおそれがない。収益に変更が発生した場合、逆に憲法 106 条 3 項 3 文・4 文に基づいて、付加価値税の取り分の再配分を行うことになる（出典）。このことは「適切解決ではない」考えの理由は分からない。この債権は、原則として連邦からでも州からでも、訴訟対象にすることもできる。

27

Hinzu kommt, dass das Zustimmungserfordernis des Bundesrates einen einseitigen und nicht abgestimmten Zugriff des Bundes auf das Steueraufkommen ebenso verhindern dürfte wie einen „Wettlauf der Steuererfindungen" (vgl. Seer, DStR 2012, S. 325 <330>). Dabei kann auch nicht auf eine die einseitige Durchsetzung von Bundesinteressen ermöglichende Unterschiedlichkeit der Länderinteressen verwiesen werden; vielmehr ist davon auszugehen, dass bei der Einführung neuer Steuern durch den Bund ein im föderalen Kontext sonst nicht selbstverständlicher Gleichklang der Landesinteressen vorliegt.

更に、以下の観点もある。連邦参議院の同意の条件は、連邦が一方的で交渉されていない形で税収を自分に充てることも、「租税発明の競争」（出典）も、阻止するに適している、との観点である。その際、州の利益が対立しているため、連邦が一方的に自分の利益を実現できる、という考え方も適切でない。逆に、連邦が新たに租税を導入する場面で、他の案件では自明でないが、州の利益が共通である考えが適切である。

28

b) Von Art. 105 GG gedeckt ist - soweit ihr wegen des Vorrangs der Verfassung Art. 106 GG nicht entgegensteht - auch die Zuweisung der Ertragshoheit (vgl. Fischer-Menshausen, in: Münch/Kunig, GG, Bd. 3, 3. Aufl. 1996, Art. 106 Rn. 14a; Heun, in: Dreier, GG, Bd. 3, 2. Aufl. 2008, Art. 105 Rn. 44; Osterloh, NVwZ 1991, S. 823 <828>; Selmer, Steuerinterventionismus und Verfassungsrecht, 1972, S. 154 f.; Wendt, in: Isensee/Kirchhof, HStR IV, 1. Aufl. 1990, § 104 Rn. 29 f.). Dem insoweit bestehenden Regelungsbedarf kann nicht nur durch den verfassungsändernden Gesetzgeber entsprochen werden (so aber Tipke, Die Steuerrechtsordnung, Bd. III, 1. Aufl. 1993, S. 1095), sondern auch durch den einfachen Gesetzgeber.

b) 憲法 106 条が憲法の優先を根拠に制限を加えない限り、憲法 105 条に基づいて、収益についても規制できる（出典）。この点について規制が必要だが、その規制は、憲法立法者のみができるわけではない（出典）。

29

Dass die Zuständigkeit des Steuergesetzgebers nicht auch die Regelung der Ertragsverteilung beinhalten soll, ist nicht nachvollziehbar. Neben der Regelung von Steuertatbestand, Steuerschuldner und Steuertarif ist auch die Bestimmung des Steuergläubigers und des

Ertragszuständigen ein unverzichtbarer Bestandteil steuerrechtlicher Regelungen. Die einschlägigen Regelungen mögen durch höher- oder vorrangiges Recht gebrochen oder überlagert werden; an ihrer Zuordnung zum Steuerrecht ändert dies jedoch nichts. Dem lässt sich nicht entgegenhalten, dass der verfassungsändernde Gesetzgeber bereits bei der Finanzreform 1955 die Regelung der Ertragsverteilung dem verfassungsändernden Gesetzgeber habe vorbehalten wollen, denn die damals angestrebte Regelung einer Verteilung der Erträge künftig neu eingeführter Steuern im Rahmen von Art. 107 GG wurde nicht weiterverfolgt (vgl. oben Rn. 17).

　租税立法者の管轄が収益についての規制権限を含まない考えは、理解できない。租税構成要件、租税債務者および税率の規制と並んで、租税債権者および収益権限に関する規制も、租税規定の不可欠な部分である。関連する規制は、上位のまたは優先する法規によって破られる、または影響を受けることはありうるが、当該規制が租税法の分野に属することには、この点が影響しない。この点について、以下の反論も成立しない。すなわち、1955 年財政改正の憲法改正立法者が既に収益配分を憲法改正立法者に限定する意図であった、との主張である。当時、将来的に新たに導入する配分に関する規制を憲法 107 条の枠組み内で規制することは、追求されなかったためである（上記欄外番号 17 参照）。

30

Ebenso wenig vermag der Hinweis zu überzeugen, dass der einfache Gesetzgeber keinen Zugriff auf das Ertragsverteilungssystem des Art. 106 GG habe. Aus dem Bestand verfassungsrechtlicher Ertragsverteilungsregelungen für bestimmte Steuern kann nicht auf den Bestand eines Verfassungsvorbehaltes für die Ertragsverteilung dort nicht erfasster Steuern geschlossen werden; Art. 106 GG ist vielmehr als verfassungskräftige Spezialregelung für die Ertragsverteilung der dort aufgeführten Steuerarten einzuordnen, steht einer einfachgesetzlichen Festlegung der Aufkommensverteilung der übrigen Steuern durch den jeweiligen Steuergesetzgeber aber aufgrund seines nicht abschließenden Charakters nicht entgegen. Dafür spricht nicht zuletzt, dass Art. 106 Abs. 3 Satz 3 und Abs. 4 GG selbst einen Regelungsauftrag an den einfachen Gesetzgeber nach Maßgabe der Grundsätze des Art. 106 Abs. 3 Satz 4 GG enthält.

　憲法改正を伴うことない立法の立法者が、憲法 106 条の収益配分制度を変更できない論拠も、説得力がない。一定の租税について憲法上の収益配分規

定があるからといって、そこで対象外である租税について規制することは、憲法立法でしかできない理由にならない。逆に、憲法 106 条は、そこで列挙されている税種の収益配分についての憲法上の特別規定として把握すべきである。しかし、最終的な本質を有しないため、その他の租税の収益配分について憲法改正を伴わない立法による規制を阻止しない。この点は、憲法 106 条 3 項 3 文・4 文それ自体が憲法改正を伴わない立法の立法者に、憲法 106 条 3 項4文の基準に基づいて規制を要請しているところからでも明らかである。

31

Der einfache Gesetzgeber kann bei Einführung einer neuen, nicht dem Katalog des Art. 106 GG unterfallenden Steuer somit auch über deren Ertragszuweisung entscheiden. Zwischen Steuergesetzgebung und Ertragszuweisung besteht ein so enger sachlicher Zusammenhang, dass eine Materie sinnvollerweise nicht ohne die andere geregelt werden kann. Die Ertragshoheit ist der gesetzlichen Inanspruchnahme einer Steuerquelle daher im Grunde immanent (Wendt, in: Isensee/Kirchhof, HStR IV, 1. Aufl. 1990, § 104 Rn. 29). Die Zuordnung der Ertragsverteilung als integraler Teil der Steuergesetzgebungskompetenz trägt der Einheit der Finanzverfassung Rechnung und erübrigt den systemwidrigen Rückgriff auf die allgemeinen Kompetenzverteilungsregeln der Art. 30, Art. 70 GG (so aber Häde, Finanzausgleich, 1996, S. 164 f.; Schmidt, StuW 2015, S. 171 <177>).

従って、憲法改正を伴わない立法者が憲法 106 条に属していない新たな租税を導入する際、当該租税の税収配分についても、判断できる。租税立法と税収配分の間には、極めて綿密な関連性があるため、その一方だけを他方なく規制できない。従って、立法者がある税財源を課税する場合、原則として、収益に関する判断も必然的に伴う（出典）。収益配分を租税立法管轄の必然的な一部として把握することは、財政憲法の統一性を配慮し、憲法 30 条・憲法 70 条の一般管轄配分規定を使う必要性を省略している（出典）。

32

Dass es dabei gegebenenfalls zu einem Auseinanderfallen von Gesetzgebungs- und Ertragshoheit kommen kann, ist in Art. 105 GG angelegt und findet sich auch in anderen Bereichen (vgl. z.B. die Steuerarten in Art. 106 Abs. 2 GG; Schmidt, StuW 2015, S. 171 <177>). Selbst in den Fällen einer vollständigen Ertragszuweisung an die Länder, wie bei der Vermögens- (Art. 106 Abs. 2 Nr. 1 GG), Erbschafts- (Art. 106

Abs. 2 Nr. 2 GG) oder Biersteuer (Art. 106 Abs. 2 Nr. 4 GG) sieht das Grundgesetz vor, dass die Belastungsentscheidung vom Bund getroffen wird, weil nur der Bund die Einheitlichkeit der Lebensverhältnisse in ganz Deutschland garantieren kann. Nur er kann und muss - etwa über seine Gesetzgebungsbefugnisse nach Art. 106 Abs. 3 Satz 3, Abs. 4 Satz 1, Abs. 5 Satz 2 GG oder den Bund-Länder-Finanzausgleich gemäß Art. 107 GG - auf Verschiebungen im Verhältnis der Einnahmen und Ausgaben des Bundes und der Länder reagieren (zu Letzterem vgl. Schmidt, StuW 2015, S. 171 <177>).

　その考えによって、立法管轄と収益管轄が異なる場合がありうる。しかし、このことは、憲法 105 条に内在するもので、他の領域でも同様となる（例えば憲法 106 条 2 項の税種を参照、出典）。仮に州に完全に収益を属させる場合には、憲法は、課税判断が連邦により行われることを規制している。連邦のみがドイツ全体での生活関係の統一性を保障できるためである。例えば、財産税（憲法 106 条 2 項 1 号）、相続税（憲法 106 条 2 項 2 号）およびビール税（憲法 106 条 2 項 4 号）は、その例である。しかし、その場合でも、連邦立法者は、憲法 106 条 3 項 3 文・4 文の立法権限を使用して、または憲法 107 条に基づく連邦と州の財政調整により、連邦および州の収益・国費の比率の変更に、対応できる、または対応しなければならない（出典）。

33

3. Auch die zur Begründung einer Beschränkung der Gesetzgebungsbefugnisse gemäß Art. 105 Abs. 2 GG geltend gemachte Vorstellung von der individualschützenden Garantiefunktion der Finanzverfassung findet in Wortlaut, Systematik, Telos und Entstehungsgeschichte der Art. 105 f. GG keine Stütze. Letztlich handelt es sich dabei um eine Zweckschöpfung, die einen unbegrenzten Steuerzugriff des Staates auf grundrechtlich geschützte Interessen der Steuerpflichtigen vermeiden und die Schwierigkeiten, die materiellen Grundrechte insoweit zu entfalten (vgl. BVerfGE 93, 121 <136 ff.>; 115, 97 <110 ff.>), kompensieren soll. Bei Art. 105 und Art. 106 GG handelt es sich jedoch um staatsorganisationsrechtliche Regelungen ohne eigenen materiellen Gehalt (vgl. BVerfGE 123, 1 <17>; Heintzen, in: Münch/Kunig, GG, Bd. 2, 6. Aufl. 2012, Art. 105 Rn. 39; Seiler, in: Maunz/Dürig, GG, Art. 105 Rn. 125 <Mai 2015>; Tipke, BB 1994, S. 437 <439 ff.>). Einen Schutz vor übermäßiger Steuerbelastung des Bürgers könnten diese Bestimmungen schon deshalb nur eingeschränkt bieten, weil sie zum einen keine Obergrenzen für die Sätze der aufgeführten

Steuern enthalten, zum anderen durch die Verwendung weit gefasster Begriffe in Art. 106 GG (z.B. „Verbrauchsteuern") aber auch keine effektive Begrenzungswirkung entfalten. Art. 106 GG begrenzt weder die Zahl der Steuern im Rahmen der dort aufgeführten Steuertypen, noch die Höhe der Steuersätze oder der dadurch verursachten Gesamtbelastung. Die Regelung zielt zudem nicht auf eine individualschützende Beschränkung des Zugriffs des Steuergesetzgebers auf die finanziellen Ressourcen des Bürgers, sondern auf die Verteilung staatlicher Einnahmen. Effektiven Belastungsschutz für den Bürger kann diese Finanzverteilungsregelung nicht gewähren (vgl. Möckel, DÖV 2012, S. 265 <268 f.>).

3. 憲法 105 条 2 項に基づく立法管轄を制限するために主張された財政憲法の個人保護機能の発想も、憲法 105 条・106 条の文言・体系・目的および制定史からみて根拠がない。この発想は、ようするに、以下の目的で創造された考えである。国家が納税者の人権で保障された利益を無制限に課税することを回避すること、その際、実体法上の人権に内在する限界を解消することが目的である。しかし、憲法 105 条・憲法 106 条は、統治法上の規定であり、それには独自の実体法上の内容がない（出典）。これらの規定は、以下の理由からしても、国民に過剰の税負担をかけることに対する保護として、制限的しか有効でない。第一、列挙された租税の税率について限定しない。第二、憲法 106 条が広い概念（例えば「消費税」）を使用していることにより、効果的な制限効果を有しない。憲法 106 条は、そこで列挙された税類型の範囲内で租税の数を限定しない。また、税率の限度も、それによって発生する負担の全体の限度も、ない。憲法 106 条は、国民の財産への租税立法者による課税を個人保護として制限することを目的としていない。国家の収入を配分することを目的としている。この収益の配分に関する規定が国民の負担からの保護を効果的に提供することができない（出典）。

34

Diesem Verständnis entspricht auch die in der Rechtsprechung beider Senate unumstrittene Interpretation der allgemeinen Kompetenzregeln der Art. 73 f. GG. Auch dort wird der Schutz des Bürgers vor zu weitgehenden gesetzgeberischen Eingriffen nicht im Wege der restriktiven Auslegung von Kompetenznormen, sondern durch die prozeduralen und materiellen Garantiegehalte der Grundrechte sichergestellt (vgl. BVerfGE 4, 7 <15>; 55, 274 <302>; zuletzt BVerfG, Beschluss des Ersten Senats vom 7. März 2017 - 1 BvR 1314/12 -, juris).

So bedarf etwa jede Steuer im Hinblick auf die materiellen Gewährleistungen der Grundrechte (insbesondere Art. 3 Abs. 1; Art. 12; Art. 14; Art. 2 Abs. 1 GG) der Rechtfertigung.

この理解は、両方の法廷の判例で論争がない憲法 73 条以下の一般管轄規定と一致している。一般規定の場合でも、国民の過剰の立法者による侵害からの保護を確保する道は、管轄規定の制限的解釈ではなく、人権の訴訟法上及び実体法上の保障内容である（出典）。その基準では、全ての租税は、人権（特に憲法 3 条 1 項、12 条、14 条、2 条 1 項）を配慮して、実体法上の正当化を必要としている。

35

Diese verfassungsrechtlichen Vorgaben entfalten Steuerungs- und Kontrollfunktion, hegen den Steuergesetzgeber im Hinblick auf Steuererfindungen ein und gewährleisten dadurch den Schutz der Bürger vor übermäßiger Abgabenbelastung. Jede Steuer muss nicht nur den formalen Anforderungen des Grundgesetzes (Gesetzmäßigkeit und Bestimmtheit) genügen, sondern auch und gerade den materiellen Maßstäben der Grundrechte. Dazu gehören insbesondere die Prinzipien der Leistungsfähigkeit (vgl. BVerfGE 6, 55 <67, 69>; 8, 51 <68 f.>; 9, 237 <243>; 13, 290 <297>; 14, 34 <41>; 27, 58 <64>; 32, 333 <339>; 36, 66 <72>; 43, 108 <118 ff.>; 47, 1 <29>; 55, 274 <302>; 61, 319 <343 ff.>; 66, 214 <223>; 68, 143 <152 f.>; 82, 60 <86 f.>; 117, 1 <30 f.>; 122, 210 <230 f.>), der Folgerichtigkeit (BVerfGE 84, 239 <271>; 93, 121 <136>; 99, 88 <95>; 99, 280 <290>; 101, 132 <138>; 101, 151 <155>; 105, 73 <125 f.>; 107, 27 <46 f.>; 117, 1 <30 f.>; 122, 210 <231>), der Lastengleichheit (BVerfGE 35, 324 <335>; 84, 239 <268 ff.>), des Schutzes des Existenzminimums (BVerfGE 82, 60 <85 f.>), des Verbots der Benachteiligung von Ehe und Familie (BVerfGE 99, 216 <231 ff.>), des Verbots der Erdrosselungssteuer (BVerfGE 19, 119 <128 f.>; 23, 288 <315>; 27, 111 <131>; 30, 250 <271 f.>; 50, 57 <104 ff.>; 63, 343 <368>; 68, 287 <310 f.>; 70, 219 <230>; 78, 214 <230>; 78, 232 <243>; 82, 159 <190>; 87, 153 <169>; 95, 267 <300>; 105, 17 <32>; 115, 97 <115>) und der eigentumsschonenden Besteuerung (vgl. BVerfGE 93, 121 <138>; 115, 97 <114>). Die hierdurch dem steuererfindenden Gesetzgeber auferlegten Grenzen unterliegen der Überprüfung durch das Bundesverfassungsgericht und sind im Ergebnis auch wirkungsvoller als die vermeintliche Schutz- und Garantiefunktion der Art. 105 f. GG.

この憲法上の規制は、制御機能およびコントロール機能を発揮している。租

税立法者に租税発明に関連して限界を加えている。それによって、国民の過剰賦課金負担から保護している。全ての租税は、憲法の手続き上の要件（租税法律主義及び明確性）を遵守しなければならない。更に、または正に、人権の実体法上の基準も遵守しなければならない。以下の原則は、その一部である。経済力に基づく課税の主義（出典）、一貫性の要請（出典）、負担の平等の主義（出典）、最低生活費の保護（出典）、結婚・家族に対する差別の禁止（出典）、絞殺課税の禁止（出典）、所有権に対する制限の少ない課税の主義（出典）。これらの原則によって、立法者に制限が加えられているが、当該制限は、連邦憲法裁判所の違憲審査の対象となる。結果として、憲法 105 条・106 条の想定されている保護・保障機能よりは、効果的である。

36

4. Der Vorrang der Verfassung bindet den Steuergesetzgeber schließlich an die Regelungen über die Aufteilung des Steuerertrags in Art. 106 GG. Danach ist ihm die Entscheidung über die Ertragsverteilung für die in Art. 106 GG aufgeführten, bei weitem bedeutsamsten Steuerarten entzogen.

4．憲法の優先の原則により、租税立法者は、税収の配分に関する憲法106 条に拘束される。その規定に従い、租税立法者は、憲法 106 条で列挙されている、最も重要な税種について、収益の配分に関する判断ができない。

II.

37

Die Inanspruchnahme der konkurrierenden Gesetzgebungskompetenz zur Einführung neuer Steuern durch den Bund erfordert jedoch nach Art. 105 Abs. 3 GG die Zustimmung des Bundesrates, wenn er mit der Erschließung der neuen Steuerquelle zugleich die Ertragshoheit in Anspruch nimmt. Der scheinbar auf den Ländern oder den Gemeinden (Gemeindeverbänden) bereits zufließende Steuern begrenzte Wortlaut des Art. 105 Abs. 3 GG erweist sich insoweit als zu eng.

しかし、連邦が新しい租税を、補完的立法管轄を行使して導入する場合、憲法 105 条 3 項に基づいて連邦参議院の同意が必要となる。新たな税源を開拓すると同時に税収について管轄を主張する場合に限るが。一見して、憲法105 条 3 項の文言は、既に州・地方自治体に収益があることを前提としているが、その限り、この理解が狭すぎる。

38

Zwar knüpft der Wortlaut des Art. 105 Abs. 3 GG die Zustimmungspflicht des Bundesrates an die Voraussetzung, dass das Steueraufkommen ganz oder zum Teil den Ländern oder den Gemeinden (Gemeindeverbänden) zufließt. Das kann so verstanden werden, dass die Norm ein bestehendes Steueraufkommen voraussetzt. Sie würde dann - jenseits des Art. 106 GG - nur auf solche Fälle Anwendung finden, in denen die Länder, wie etwa bei der Abgabe wegen Änderung der Gemeindeverhältnisse in Schleswig-Holstein, bereits von ihrer „Steuererfindungskompetenz" Gebrauch gemacht haben, nicht hingegen auf neu einzuführende Steuern, die eine Aufkommenszuweisung ausschließlich an den Bund vorsehen. Ein solches Verständnis ist jedoch nicht zwingend. Vielmehr kann Art. 105 Abs. 3 GG auch so verstanden werden, dass er den Ländern potentiell - das heißt vorbehaltlich einer bundesgesetzlichen Intervention gemäß Art. 72 Abs. 1 und Abs. 2 GG - zustehende Steueraufkommen erfasst. Dafür sprechen sowohl systematische als auch teleologische Erwägungen.

確かに、憲法 105 条 3 項の文言では、連邦参議院の同意の必要性は、当該税収が一部または完全に州・地方自治体に属していることを条件としている。当該規定が既に存在している税収を前提としているように理解することが可能である。この理解では、憲法 105 条 3 項が、憲法 106 条の場合を除いて、以下の場合にのみ適用されることになる。すなわち、例えば Schleswig-Holstein 州の地方自治体の状況が変わった場合に導入された賦課金のように、州が既に「租税発明権」を行使した場合にのみである。逆に、新たに導入される租税であって、当該租税の収益が完全に連邦に属する場合には適用されない。しかし、その理解が絶対に必要とは言えない。逆に、憲法 105 条 3 項を以下のように理解することもできる。憲法 72 条 1 項・2 項に基づく連邦立法がない限り、原則として州に属している潜在的な税収に影響している限り、同意条件が発生する、との理解も可能である。この理解なためには、体系的理由からも、目的的理由もある。

39

Die systematische Stellung von Art. 105 Abs. 3 GG spricht zunächst gegen eine Beschränkung auf die in Art. 106 GG aufgeführten oder schon in Wirkung gesetzten Steuern. Andernfalls wäre das in Art. 106 Abs. 3 Satz 3, Abs. 4 Satz 2, Abs. 5 Satz 2, Abs. 6 Satz 5 GG vorgesehene Zustimmungserfordernis des Bundesrates für die Regelung der Ertragsverteilung bei der Umsatz- und Einkommensteuer überflüssig und Art. 105 Abs. 3 GG nur eine subsidiäre Auffangregelung für die übrigen bundesgesetzlichen Landessteuern in Art. 106 Abs. 2 GG. Eine solche Interpretation ist nicht ausgeschlossen, angesichts der zahlreichen speziell in Art. 106 GG geregelten Zustimmungserfordernisse jedoch auch nicht naheliegend.

憲法 105 条 3 項の体系的地位は、憲法 106 条で列挙されているまたは既に存在する租税に限定されていない理由になる。逆に考える場合、憲法 106 条 3 項3文・4 項2文、5 項 2 文、6 項 5 文で付加価値税・所得税の税収配分規制の際の同意要件が不要となる。その場合、憲法 105 条 3 項が、単に憲法 106 条 2 項に基づくその他の州税についての補完的予備規定になる。このような解釈は不可能ではないが、しかし憲法 106 条が特に多くの同意要件を制定している点を考えて、自然とも思わない。

40

Insbesondere teleologische Erwägungen sprechen aber dafür, das Zustimmungserfordernis auch auf die erstmalige bundesgesetzliche Zuweisung eines Steuerertrags an den Bund zu erstrecken. Sinn und Zweck des Art. 105 Abs. 3 GG ist es, die materiellen Interessen der Länder im Hinblick auf die Aufteilung des Steueraufkommens zwischen Bund und Ländern zu wahren (BVerfGE 14, 197 <220>). Sie sollen insbesondere vor einer Auszehrung ihrer finanziellen Grundlagen und ihrer Steuerquellen geschützt werden (Heintzen, in: Münch/Kunig, GG, Bd. 2, 6. Aufl. 2012, Art. 105 Rn. 56; Heun, in: Dreier, GG, Bd. 3, 2. Aufl. 2008, Art. 105 Rn. 43 f.). Materielle Interessen der Länder sind aber nicht nur dann berührt, wenn Änderungen an der Aufkommensverteilung der ihnen oder den Gemeinden ganz oder zum Teil bereits zugewiesenen Steuern vorgenommen werden, sondern erst recht, wenn eine neue Steuerquelle erschlossen und den Ländern eine Beteiligung daran vorenthalten wird. Auch bei einem gesetzgeberischen Zugriff auf neue, in Art. 106 GG nicht aufgeführte Steuern und die Regelung ihrer Aufkommensverteilung wird das Gesamtgefüge der Steuerertragsverteilung zwischen Bund und Ländern berührt. Zudem hängt es letztlich vom Zufall ab, ob die Länder eine potenzielle Steuerquelle vor einem Zugriff des Bundes bereits gesetzlich erschlossen haben oder ob dies noch nicht geschehen ist. Da ihre finanziellen Interessen in beiden Fällen gleichermaßen beeinträchtigt werden können, kann das Zustimmungserfordernis des Bundesrates davon nicht abhängen. Es wäre sinnwidrig, wenn einerseits bei einer Teilung des Ertrages einer neu eingeführten Steuer die Wahrnehmung der Länderinteressen im Wege der Zustimmungsbedürftigkeit garantiert wäre, bei einer vollständigen Vorenthaltung des Steueraufkommens eine derartige Wahrnehmung der Länderinteressen jedoch entfiele.

　特に目的的観点は、同意要件を連邦立法により最初に税収が連邦に属させられる場合にも拡大する理由となる。憲法 105 条 3 項の目的は、税収を連邦と州の間に配分する際に、州の実体的利益を保障するところにある（出典）。特に、州の財政基盤と税源が激減するから、州を保護することが目的である（出典）。州の実体的利益は、州または地方自治体に完全にまたは部分的に属している租税についての税収配分が変わる場合のみに影響を受けることはない。逆に、新たな税源が開拓される際に州に配分を拒否する場合、なおさらその利益に影響がある。立法者が憲法 106 条で列挙されていない新しい租税を導入し、その租税の税収の配分を規定する場合でも、連邦と州の税収配分の全体に影響することになる。更に、連邦がある税源を課税する際に、州が当該税源を既に法律によって開拓したか否かの点は、偶然による。州の利益が両方の場合に同様に阻害される可能性があるため、連邦参議院の同意要件の基準とすべきでない。新たに導入する租税の収益を配分する際に、州の利益の確保が同意要件により保障されるが、当該税収を完全に州に与えない場合に、当該州の利益確保が欠けている結論は、適切でない。

41

Über den Wortlaut hinaus erfasst das Zustimmungserfordernis des Art. 105 Abs. 3 GG demnach auch Fälle, in denen der Bund kraft seiner konkurrierenden Gesetzgebungsbefugnis nach Art. 105 Abs. 2 GG erstmals ein Steueraufkommen für sich in Anspruch nimmt und dadurch die Länder ausschließt. Solange und soweit der Bund von seiner konkurrierenden Gesetzgebungskompetenz nach Art. 105 Abs. 2 GG keinen Gebrauch gemacht hat, steht der steuergesetzgeberische Zugriff auf die neu zu erschließende Steuerquelle potenziell auch den Ländern zu. Diese Zugriffsmöglichkeit wird ihnen durch eine „Steuererfindung" des Bundes für die betroffene Steuerquelle genommen. Einer landesgesetzlichen Regelung steht fortan Art. 72 Abs. 1 GG entgegen. Hierdurch werden die finanziellen Interessen der Länder, deren Schutz Art. 105 Abs. 3 GG zu dienen bestimmt ist, unmittelbar betroffen. Dem muss durch eine Erstreckung des Zustimmungserfordernisses auf diese Fälle Rechnung getragen werden.

　従って、文言を超えて、憲法 105 条 3 項の同意要件は、連邦が憲法 105 条 2 項に基づく補完的立法管轄を行使して、初発的に税収を自分に属させ、そ

れにより州への配分を排除する場合にも、適用される。連邦が憲法 105 条 2 項の基づく補完的立法管轄を行使していない間に、又はその限り、新たに開拓されるべき税源への租税立法上の課税が、州の権限である。連邦が「租税発明」していることによる、その課税の可能性がなくなる。州による立法は、連邦立法以降、憲法 72 条 1 項によって不可能となる。そのことにより、憲法 105 条 3 項が目的としている州の財政的利益が直接に影響を受ける。そのため、同意要件をこの場合に拡大しなければならない。

III.

42

　Nach diesen Maßstäben hat der Bund zwar die konkurrierende Gesetzgebungszuständigkeit für die Kernbrennstoffsteuer (1.). Das Kernbrennstoffsteuergesetz wurde jedoch nicht mit Zustimmung des Bundesrates erlassen und ist daher formell verfassungswidrig und nichtig (2.).

　この基準によると、連邦には原発燃料税のための補完的立法管轄を有する（1．）が、原発燃料税法は、連邦参議院の同意なく制定されたため、手続き上に違憲で無効である（2．）。

43

　1. Der Bund hat für die Kernbrennstoffsteuer eine Gesetzgebungskompetenz. Diese ergibt sich - wenn man mit der Senatsmehrheit zu Recht davon ausgeht, dass die Kernbrennstoffsteuer nicht als Verbrauchsteuer im Sinne von Art. 106 Abs. 1 Nr. 2 GG eingeordnet werden kann - aus Art. 105 Abs. 2 GG. Die Kernbrennstoffsteuer fällt weder unter Art. 105 Abs. 1 GG noch unter Art. 105 Abs. 2a GG.

　1. 連邦は原発燃料税のための立法管轄を有する。多数意見が正当に述べているように、原発燃料税が憲法 106 条 1 項 2 号の消費税に該当しないことを前提とする場合、立法管轄が憲法 105 条 2 項を根拠とする。原発燃料税は、憲法 105 条 1 項にも、憲法 105 条2a項の場合にも該当しない。

44

　2. Das Kernbrennstoffsteuergesetz ist dennoch verfassungswidrig, da es an der nach Art. 105 Abs. 3 GG erforderlichen Zustimmung des Bundesrates fehlt.

2. 原発燃料税法は、それでも違憲である。憲法105条3項に基づいて必要である連邦参議院の同意が整備されちないためである。

45

Das Kernbrennstoffsteuergesetz wurde als Einspruchsgesetz erlassen, hätte aber nach Art. 105 Abs. 3 GG der Zustimmung des Bundesrates bedurft. Mangels Einhaltung dieser verfassungsrechtlichen Vorgaben ist das Kernbrennstoffsteuergesetz auch nach unserer Ansicht formell verfassungswidrig und somit nichtig.

原発燃料税は、異議立法として制定されたが、憲法105条3項により連邦参議院の同意を必要としていた。この憲法上の条件を遵守していないため、少数意見に基づいても、原発燃料税法は、手続き上に違憲であり、そのために無効である。

Huber   Müller

裁判官の署名